# Gerd Gerber

# „Neumann"

## ... und der ganz normale Wahnsinn

lustige und groteske Geschichten über einen
liebenswerten Chaoten

**KDP**

# Impressum:

Gerd Gerber

„Neumann" und der ganz normale Wahnsinn

Amazon - Create Space

Cover - Gestaltung:
UlinneDesign
www.design.ulinne.de
design@ulinne.de


Verwendete Bilder
Ruine © RATOCA – Fotolia.com
Frau © Matthew Cole – Fotolia.com
Handwerker © jokatoons – Fotolia.com


Gerd Gerber
Bachstrasse 14

58256 Ennepetal

Home: gerdgerber@t-online.de

**This book is dedicated to Graham Murray**

**in memory of the best**

**Cape Coral, Florida**

# Inhaltsverzeichnis

# Vorwort

Jeder Mensch kommt in seinem Leben in Situationen, die irgendwie gemeistert werden müssen. Oft sind sie tragischer und trauriger Natur, manche aber auch komisch und grotesk. Für beides braucht man eine eigene Sicht der Dinge, um damit umgehen zu können. Das bedeutet, dass die Persönlichkeit entscheidet, wie unbeschadet man diese Situationen übersteht.
Die meisten Leser denken nun, dass es gewiss schwieriger ist, mit tragischen und traurigen Ereignissen fertig zu werden. Das stimmt nicht so ganz, denn Tragik und Komik liegen ganz dicht beieinander. Worüber die einen sich ausschütten können vor Lachen, kann für den Betroffenen selbst recht tragisch sein. Denken wir nur an die, gerade in Mode Gekommenen, Pannenshows. Je schlimmer der Crash, desto größer die Heiterkeit.
Nun gibt es Menschen, die ziehen diese tragisch, komischen Ereignisse geradezu an, weil es in ihrer Natur, ihrer Persönlichkeit liegt. Einen dieser Menschen möchte ich in diesem Buch vorstellen. Mein fiktiver Held „Neumann" könnte auch „Jedermann" heißen, denn in seinen Erlebnissen und Geschichten wird sich irgendwie jeder wiedererkennen. Er ist ein liebenswürdiger Zeitgenosse, der mit den kleinen Problemen des Alltags kämpft und diesen Kampf fast regelmäßig verliert. Dabei liegen Glück und Pech, Tragik und Komik so dicht zusammen, dass der Leser es nicht mehr auseinanderhalten kann.

Es sind eigenständige Geschichten, die ich, um sie
Ihnen näher zu bringen und verständlich zu machen,
mit eigenen Erlebnissen und Kommentaren verbinde.
Ich hoffe, dass ich dem Leser einige Stunden
Vergnügen bereiten kann.

Gerd Gerber

# Es geht alles seinen Gang

Über Pech und Glück zu philosophieren, oder gar zu diskutieren, ist müßig. Man kann es eben nicht beeinflussen, nicht das eine verhindern und das andere nicht erzwingen. Dennoch sind das bevorzugte Themen von mir, da ich, wie ich meine, von dem Einen zu viel und von dem anderen fast nichts abbekomme.
Meine Frau widerspricht mir darin immer vehement. „Schließlich hast du ja mich bekommen", pflegt sie dann immer zu sagen und achtet dabei scharf auf jede Reaktion von mir. Ein unbedacht hängender Mundwinkel oder ein falscher Blick könnte dann schwer zu meinen Lasten ausgelegt werden.
Nein, die Liste der Beweise für meine Behauptung ist so lang wie die Suren des Korans.
Hier nur einige Beispiele:
Wenn es sich anzustellen gilt, stehe ich grundsätzlich immer in der falschen Schlange. Zum Beispiel an Kassen im Supermarkt spielt sich jedes Mal das gleiche Szenario ab. Entweder hat sich die Kassiererin vertippt und wartet auf den Stornoschlüssel, oder eine alte Dame bezahlt in 1-Cent-Stücken und verwandelt damit den Supermarkt in eine Wartehalle. Neulich, vor den Abfertigungsschaltern am Flughafen, setzte an meinem Schalter sogar das Transportband für die Koffer aus. Ich hatte vorher die Warteschlange kurz entschlossen gewechselt, weil es an diesem Schalter vermeintlich schneller ging. Die Reparatur dauerte dann eine halbe Stunde.
Gibt es Kirschkuchen, bekomme ich unweigerlich die Kerne und beiße auch noch darauf.

Beim Tennis verliere ich meine Spiele grundsätzlich mit
Netzrollern oder Platzfehlern wobei der Ball sich nicht
mehr die Mühe macht, hochzuspringen.
Glücksspiele verbieten sich für mich von selbst. Mit mir
„Mensch ärgere dich nicht" zu spielen, bereitet meiner
Frau höchstes Vergnügen. In der Regel bekomme ich
nicht eine Spielfigur nach Hause. Darüber hinaus bin
ich in jeder Würfelrunde ein gern gesehener Gast.
Ich könnte die Liste noch beliebig weiter fortführen,
doch ich will Sie damit nicht langweilen. Ich möchte
lieber von meinem Freund Neumann erzählen. Nach
langem Zögern hatte er  sich endlich entschlossen,
seine langjährige Freundin zu heiraten und mit ihr eine
gemeinsame Wohnung zu beziehen. Als dies
geschehen war, standen natürlich einige Formalitäten
an. Eigentlich ist dies ein normaler Vorgang, doch bei
Neumann, daran wird man sich gewöhnen müssen,
läuft nichts normal…

Neumann blickte den Verkehrspolizisten missmutig an,
während er die Seitenscheibe seines Autos herunter
gleiten ließ.
Der Polizist, ein junger Bursche mit arrogantem Blick
und unverbindlichem Lächeln, steckte seinen Kopf zum
geöffneten Seitenfenster herein und schnarrte:
„Allgemeine Verkehrskontrolle! Führerschein und
Fahrzeugpapiere bitte!"
Selbstsicher griff Neumann in die Innenseite seines
Jacketts und fasste ins Leere. Hastig fuhr seine Hand
wieder heraus und griff suchend mit der anderen in die

linke Seitentasche seiner Jacke. Nichts – Null – nothing, keine Brieftasche, also kein Führerschein, geschweige denn ein Fahrzeugschein. Verzweifelt blickte er den jungen Polizisten an und zuckte mit den Schultern.

„Äh, ich muss die Papiere wohl in meiner anderen Jacke haben."

Die Mine des Polizeibeamten wurde nun ungeduldig. „Haben Sie irgendetwas, womit Sie sich ausweisen können? Einen Personalausweis zum Beispiel?"

Neumanns Gesicht hellte sich auf. Blitzschnell griff er in die Gesäßtasche seiner Hose und zog sein Portemonnaie heraus. Mit nervösen fliegenden Fingern zog er aus einem Seitenfach den Personalausweis und reichte ihn dem Beamten. Der studierte diesen eingehend, dabei fragte er wie beiläufig:

„Haben Sie etwas getrunken, Herr Neumann?"

„Selbstverständlich nicht!", brüskierte sich Neumann.

Der Polizist nickte und klopfte dabei aufreizend mit Neumanns Personalausweis gegen den Holm der Windschutzscheibe.

„Sie wissen, dass Sie sich strafbar machen, wenn Sie ohne Fahrzeugpapiere fahren?"

„Ja, ja, ich weiß, aber ich wohne ja nur zwei Straßen weiter um die Ecke. Ich könnte sie holen. Ich habe doch nur die verkehrte Jacke an."

Der Beamte stutzte, hielt mit dem Klopfen inne und besah sich noch einmal eingehend den Personalausweis. Dann ging er einmal um Neumanns Auto herum und betrachtete die Nummernschilder. Nach dieser Einlage kehrte der Beamte zu Neumanns geöffneter Seitenscheibe zurück.

„Sagen Sie mal, auf Ihrem Nummernschild ist das Kennzeichen für Hagen und in Ihrem Ausweis steht als Wohnort auch Hagen."

Er machte eine künstliche Pause, um dann süffisant zu bemerken: „Zwei Straßen weiter um die Ecke ist aber Ennepetal!"
Neumann legte beide Hände vor das Gesicht. „Ist ja gut, Herr Polizeirat. Was muss ich zahlen? Ich bin vor zwei Wochen umgezogen und habe mich noch nicht umgemeldet."
Der Beamte zückte genüsslich seinen Strafzettelblock. „Also, Fahren ohne Führerschein und Fahrzeugpapiere, der Meldepflicht nicht nachgekommen....... . Das macht 20,00 € und dabei habe ich noch beide Augen zugedrückt. Wir werden Ihre Angaben überprüfen, aber Sie sollten sich schnellstens ummelden, denn wenn ich Sie noch einmal erwische, wird es teuer."
Neumann versuchte zu protestieren. Der Beamte zog daraufhin den Strafzettel zurück.
„Ich kann auch eine Anzeige machen."
Neumann fischte eiligst aus seinem Portemonnaie einen 20 € Schein und reichte ihn zum Wachtmeister heraus.
„Ich fühle mich jetzt auch schon richtig wohl hier in Ennepetal", knurrte er dabei.
Der Polizist grinste breit.
„Bei der nächsten Ordnungswidrigkeit von Ihnen können wir dieses Wohlgefühl noch steigern. Ich wünsche Ihnen gute Fahrt."
Neumann schloss die Seitenscheibe und fuhr los. Dabei bedachte er den Polizisten mit allen Schimpfwörtern, die ihm einfielen, und ihm fielen eine ganze Menge ein.

Zu Hause angekommen schimpfte Neumann immer noch wie ein Rohrspatz, doch seine Lebensgefährtin hatte dafür kein Verständnis.
„Schau mal, du bist nun zu mir nach Ennepetal gezogen. Dann melde dich doch auch um. Du musst

doch sowieso mit dem Wagen zum TÜV. Nimm dir
einen Tag Urlaub und erledige den ganzen Kram."
Neumann fuhr wie von der Tarantel gestochen hoch.
„Urlaub?", brüllte er. „Ich soll für solchen Mist meinen
Urlaub verplempern? Nein, das erledige ich an einem
Nachmittag!"
Lebensgefährtin verzog ungläubig das Gesicht, aber
dann zuckte sie mit den Schultern und seufzte:
„Wie du meinst, versuche es."

Am nächsten Tag saß er vor dem Schreibtisch der
freundlichen Dame vom Einwohnermeldeamt. Er hatte
direkt nach Feierabend den Weg von der Arbeit hierher
genommen und war ohne Verzögerung sofort
hereingebeten worden. Seine gute Laune stieg ins
Unermessliche.
„Geht doch", dachte er. „Ich möchte mich in Ihrer
schönen Stadt anmelden", strahlte Neumann die
freundliche Dame an und reichte ihr seinen
Personalausweis.
Die hämmerte die Nummer des Ausweises in den
Computer und betrachtete interessiert das Ergebnis auf
dem Bildschirm.
„Sie haben bisher in Hagen gewohnt, nicht wahr?"
„Ja, ja, jetzt wohne ich aber in Ennepetal und möchte
mich daher ummelden."
Die freundliche Dame verzog nun unmerklich die
Mundwinkel.
„Dann geben Sie mir bitte das Abmeldeformular."
„Was?" Neumann verstand nicht.
„Na, Sie müssen sich bei ihrem bisherigen Wohnort
abmelden. Da bekommen Sie ein rotes Formular, auf
dem ihre Abmeldung bestätigt wird. Ohne rotes
Formular keine Anmeldung."
Neumanns gute Laune sank auf Minus.

„Sie haben mich doch jetzt da auf dem Bildschirm.
Können Sie nun nicht einfach meine neue Adresse
eintippen?"
Die freundliche Dame war nun gar nicht mehr so
freundlich.
„So einfach geht das nicht", fauchte sie. „Ich sagte
doch, ohne rotes Formular...."
Neumann stand auf und winkte ab.
„Ja, ich weiß......keine Ummeldung." Wutentbrannt
verließ er das Büro.
Am nächsten Tag, nach seinem wohlverdienten
Feierabend, führte sein direkter Weg zum
Einwohnermeldeamt in Hagen. Die Stadt Hagen, seine
Heimatstadt, in der er geboren war, kannte er wie seine
Westentasche. Einen Parkplatz in der Nähe der
Bürgerhalle fand er aber trotzdem nicht. So musste er
in das Cityparkhaus und dann von dort aus ein gutes
Stück zu Fuß gehen. Endlich am Bürgerhaus
angekommen stand er vor verschlossenen Türen.
Fassungslos starrte er auf die Öffnungszeiten: Mo. – Fr.
12.00 – 17.00 Uhr. Seine Armbanduhr zeigte 17.05 Uhr.
Die Parkplatzsuche hatte zu viel Zeit gekostet. Völlig
frustriert und unverrichteter Dinge kehrte er nach
Ennepetal zurück.
Nun beschloss Neumann, doch dem Rat seiner
Lebensgefährtin zu folgen und die Sache
generalstabsmäßig anzugehen. Er nahm sich einen
Tag Urlaub, legte auf diesen Tag seinen TÜV-Termin
und nahm sich vor, nun die Ummeldungen des
Wohnsitzes und die seines Autos hintereinander in
Angriff zu nehmen.
Anfangs lief es dann auch wie geschmiert. Acht
Sachbearbeiter waren im Hagener Bürgeramt im
Einsatz und anhand der Nummer, die Neumann sich
aus dem Automaten gezogen hatte, konnte er

erkennen, dass nur zwanzig Nummern vor ihm an der Reihe waren. Es hätte also nicht lange dauern dürfen, wenn nicht die Frühstückspause dazwischengekommen wäre.

Bei der Hälfte aller Sachbearbeiter tat sich an der Nummernanzeigetafel eine halbe Stunde nichts mehr. Bei der anderen Hälfte ging es nur schleppend vorwärts. Neumann schaute auf die Uhr. Nach eineinhalb Stunden Wartezeit war er an der Reihe. Die freundliche Dame hinter dem Schreibtisch warf einen kurzen Blick auf Neumanns Personalausweis und holte sich seine Daten auf den Bildschirm. Ein Tastendruck und schon ratterte der Drucker los. Ein Stempel, eine Unterschrift und Neumann hatte sein rotes Formular.

„Müssen Sie nicht meine neue Adresse wissen?"

Die freundliche Dame blickte Neumann ungeduldig an und belehrte ihn spitz:

„Das geht alles seinen Gang! Da machen Sie sich mal keine Sorgen. Das Amt ihres neuen Wohnsitzes schickt uns die schon zu, wenn Sie sich dort angemeldet haben."

Neumann nickte verständnisvoll und hörte in der Ferne den Amtsschimmel wiehern.

Ein Blick auf die Uhr zeigte ihm, dass er sich auf keine weiteren Grundsatzdiskussionen mit der unduldsamen Dame einlassen konnte, wollte er noch alle Termine schaffen, die er sich für den Tag noch vorgenommen hatte.

Noch kurz vor der Mittagspause erreichte er das Einwohnermeldeamt in Ennepetal. Nun ging doch alles sehr zügig. Die freundliche Dame hinter dem Schreibtisch legte das rote Formular in die Ablage ohne einen Blick darauf zu werfen, holte sich seine Daten auf den Bildschirm und tippte die neue Adresse ein. Dann druckte sie einen Aufkleber, der die alte Adresse in

seinem Personalausweis verdeckte. Nun kamen
Stempel und Unterschrift darauf und fertig.
Neumann schwirrte ab, denn er hatte es eilig. Der TÜV-
Termin war schon eine halbe Stunde überschritten.
„Sie kommen zu spät", raunzte die rundliche Dame
hinter dem Annahmeschalter des TÜV.
Neumann nickte demütig. „Es ging leider nicht eher."
„Termin ist Termin! Jetzt müssen Sie warten, bis wir Sie
dazwischen nehmen können", blaffte die stabile Frau
und widmete sich intensiv ihrem Butterbrot, das sie mit
wenigen Bissen verschwinden ließ.
Neumann setzte sich wieder in sein Auto, öffnete die
Seitenscheibe, und ließ sich von der warmen
Frühjahrssonne bescheinen. Die Ruhe tat ihm nach all
der Hetze gut. Der Parkplatz vor der Annahmestelle war
völlig leer. Nur ein einzelner Motorradfahrer wartete vor
einer der drei Inspektionsbühnen auf seine Abfertigung.
Neumann döste vor sich hin und wartete darauf, dass
er aufgerufen wurde. Hin und wieder kam ein Auto, das
auch direkt abgefertigt wurde. Langsam merkte er, wie
sein Blutdruck stieg. Mühsam seine Wut im Zaume
haltend, begab er sich zum Annahmeschalter und
fragte mit gespielter Ruhe die füllige Frau, ob sie ihn
vergessen hätte. Entrüstet wies sie dies von sich.
„Ich sagte doch, dass Sie warten müssen. Es geht alles
seinen Gang ", pikierte sie sich.
Neumann platzte nun der Kragen:
„Ich habe nicht vor, auf ihrem vollkommen leeren
Parkplatz meinen Lebensabend zu verbringen!", brüllte
er.
Angelockt von der lauten Auseinandersetzung schaute
einer der Techniker zur Tür herein.
„Was ist hier los?", fragte er.
„Nichts! Ich möchte nur endlich abgefertigt werden."
„Dann kommen Sie doch mit Ihrem Auto zur Prüfbahn

1."

Neumann warf der dicken Kuh noch einen vernichtenden Blick zu und begab sich zu seinem Auto. Etwas später verließ er eiligst mit seinem TÜV-Geprüften und mit frischem ASU-Stempel versehenen Auto das Gelände. Da Ennepetal selbst kein Straßenverkehrsamt besitzt, war sein nächster Anlaufpunkt das Kreishaus in Schwelm. Als frischer zugereister Ennepetaler hatte er nur undeutlich eine Vorstellung, wo sich dieses befand. Versehen mit einer sicheren Wegbeschreibung und dem Rat, nicht zu versuchen direkt vor dem Kreishaus einen Parkplatz zu suchen, irrte er in dem reizenden Ort Schwelm herum. Schließlich hatte er die Faxen dick und parkte auf dem Parkplatz einer Turnhalle, ungefähr 10 Min. Fußweg vom Kreishaus entfernt. Eilig montierte er die Nummernschilder ab, klemmte sie sich unter den Arm und marschierte los.

Es dauerte eine ganze Weile, bis er den richtigen Eingang fand. Nun begann das altbekannte Prozedere. Er musste sich aus dem Automaten eine Nummer ziehen und warten, bis sie über der Tür der Zulassungsstelle aufleuchtete. An diesem Nachmittag hatte sich wohl alle Welt zum Pkw-Anmelden oder Ummelden verabredet. Neumann saß fast zwei Stunden in der zugigen Wartehalle des Kreishauses, ehe seine Nummer aufgerufen wurde. Er legte seine alten Nummernschilder auf die Theke vor dem Schreibtisch der Sachbearbeiterin und reichte den Kraftfahrzeugschein mit frischem TÜV-Stempel und seinen Personalausweis mit neuer Anschrift versehen, der freundlichen Dame hinter der Theke herüber. Innerlich fiel eine Last von ihm ab. Nun brauchte er nur noch die neuen Nummernschilder anfertigen lassen und er konnte nach Hause düsen. Der Tag hatte

geschlaucht. Die freundliche Dame hinter der Theke riss ihn aus allen Träumen.
„Haben Sie den Zettel von der letzten ASU-Untersuchung dabei?"
„WAS???" Neumanns Nerven begannen zu vibrieren.
„Den habe ich im Auto. Wofür brauchen Sie denn diesen Zettel? Schauen Sie doch auf den Kraftfahrzeugschein. Ich war erst vor drei Stunden beim TÜV." Verzweifelt hielt Neumann seine alten Nummernschilder hoch.


„Hier, sehen Sie den frischen neuen Stempel?" Ungerührt betrachtete die sture Dame die Schilder und schüttelte mit dem Kopf:
„Ohne ASU-Zettel keine Ummeldung. Ich mache Ihnen aber einen Vorschlag. Sie lassen Ihre Sachen hier und holen den Zettel aus dem Auto. Dann brauchen Sie sich nicht wieder hinten anzustellen, sondern können sofort wieder hereinkommen."
Neumann atmete ergeben aus.
„Ok, mein Auto steht zehn Minuten von hier auf dem Parkplatz einer Turnhalle. Es dauert also etwas, bis ich wieder hier bin."
Mit Riesenschritten, fast im Dauerlauf, hastete er zurück zu seinem Wagen, um diesen verfluchten ASU-Zettel zu holen.
Schon von Weitem sah er das Blaulicht eines Streifenwagens vereint mit der gelben Warnleuchte eines Abschleppwagens blinken. Um Neumanns Auto herum standen eine Menge Schaulustiger, die interessiert verfolgten, wie der Abschlepphaken an Neumanns Wagen befestigt wurde.
„Halt! Was tun Sie da? Das ist mein Auto!", schrie Neumann und stellte sich schützend mit ausgebreiteten

Armen zwischen Abschleppwagen und Auto.
Einer der Polizisten, ein junger Bursche mit arrogantem Blick und unverbindlichem Lächeln, trat auf ihn zu. Neumann erkannte ihn sofort wieder und auch in dessen Augen blitzte ein Zeichen des Erkennens auf.
„So, so, das ist Ihr Fahrzeug! Der Hallenwart dieser Sporthalle hat uns alarmiert. Es hätte jemand ein gestohlenes Auto ohne Kennzeichen auf seinem Parkplatz abgestellt. Zeigen Sie mir bitten Ihren Personalausweis und den Kraftfahrzeugschein!"
Neumann wurde es heiß und seine Gesichtsfarbe wechselte zwischen puterrot und leichenblass.
„Äh, also, ich......." Er machte eine kapitulierende Geste mit den Händen.
Der junge Wachtmeister zog die Augenbrauen hoch.
„Sagen Sie nicht, Sie können sich schon wieder nicht ausweisen. Dann muss ich Sie mit zur Wache nehmen und der Wagen wird abgeschleppt."
Langsam knickten Neumanns Beine ein und er rutschte mit seinem Gesäß die Motorhaube herunter bis auf die Stoßstange.
„Ich wollte doch nur mein Auto ummelden", hauchte er, mit den Nerven völlig am Ende.
„Nun beruhigen Sie sich erst einmal", bekam der Wachtmeister jetzt doch so etwas wie Mitleid.
Neumann nahm sich zusammen und versuchte dem Polizisten alles zu erklären. Dessen Gesicht wurde zusehends breiter, und er konnte sich nur mühsam das Lachen verbeißen. Er steckte seinen bereits gezückten Notizblock wieder weg und lächelte süffisant:
„Wir sind ja keine Unmenschen, aber die Anfahrt des Abschleppwagens müssen Sie bezahlen. Dann wollen wir Sie auch nicht länger aufhalten."
Als Neumann im Kreishaus wieder vor der Theke der Zulassungsstelle stand, raunzte ihn die sture Dame an:

„Wo bleiben Sie denn? Wir machen gleich zu!"
Neumann schnappte nach Luft. Er wagte den
Gedanken nicht zu Ende zu denken, er wäre zu spät
gekommen und der Laden hätte schon geschlossen.
Es war später Nachmittag als er nach Hause kam. Die
neuen Nummernschilder hatte er dann zwar ohne
Verzögerung bekommen, doch das Anbringen war ihm
nicht so einfach von der Hand gegangen. Mehrmals
waren ihm die Schrauben heruntergefallen, da seine
Hände immer noch zitterten. Nun erwartete ihn seine
bessere Hälfte mit vorwurfsvollem Blick:
„Wo treibst du dich denn den ganzen Tag herum? Du
wolltest doch heute an deinem freien Tag den Rasen
mähen!"
Neumann starrte verbissen auf seine Schuhspitzen und
überlegte dabei, welche Mordwaffe er wählen würde.

# Pech klebt

Nun kann man nicht unbedingt sagen, dass dies alles etwas mit Pech zu tun gehabt hätte. Sagen wir, es war eine Verkettung unglücklicher Ereignisse, gepaart mit viel Bürokratie. Dennoch ist die Geschichte ja glücklich ausgegangen und Neumann kommt aus solchen Erlebnissen eher gestärkt als beschädigt heraus.
Darum geht er auch an neue Aufgaben unbekümmert heran und es kommt ihm auch nicht der Hauch einer Idee, dass dabei etwas schief gehen könnte.
Zum Beispiel Heimwerken „selbst ist der Mann". Wie sagte Schiller schon? „Die Axt im Haus ersetzt den Zimmermann".
Ich habe immer versucht, diese Axt zu vermeiden. Doch manchmal muss man eben doch selbst ran. Es war auch nur noch eine Kleinigkeit, dann war die Theke unserer Bar fertig. Es musste nur noch der Abfluss des Spülbeckens montiert werden.
Meine Frau blickte mich zweifelnd an: „Kennst du niemand, der davon Ahnung hat?"
„Soll ich für diese Lappalie etwa einen Klempner kommen lassen? Der lacht mich ja aus!", erwiderte ich erbost und hielt ihr das gekaufte Siphon Set unter die Nase. „Hier, da ist sogar eine Montagezeichnung dabei."
Meine Frau winkte ab: „Ist ja gut. Mir soll das egal sein. Ich gehe sowieso zur Gymnastik."
Was so viel hieß, dass sie das Elend nicht sehen wollte. Wütend machte ich mich an die Arbeit. Dieser Abfluss sollte fertig sein, noch bevor sie das Haus verlassen hatte. Es waren auch tatsächlich nur ein paar Handgriffe und die Spüle war mit dem Abfluss in der

Wand verbunden. Voller Genugtuung blickte ich mein Werk an. Es sah zwar nicht ganz genau so aus, wie auf der Zeichnung des Siphon Sets, doch das mochte an den etwas anderen Abständen liegen. „Fertig", rief ich freudestrahlend.
Meine Gattin starrte mit ungläubigem Blick in unsere neu eingerichtete Bar hinein.
„Wie, fertig?", fragte sie fassungslos. „Ich habe dich doch gar nicht schimpfen gehört! Ist es denn auch dicht?"
Mit beleidigter Miene ließ ich das Wasser in die Spüle laufen. „Siehst du, dicht!", triumphierte ich.
Erleichtert, aber kopfschüttelnd verließ sie den Raum. „Dann kann ich ja beruhigt gehen."
Die Tür war gerade eben ins Schloss gefallen, da sah ich den Tropfen auf dem Boden unter dem Siphon. Vorsichtig tastete ich die Verschraubungen meiner Konstruktion ab. „War da etwa doch eine undichte Stelle?" Entsetzt fühlte ich, dass dort, wo der Bogen des Siphons begann, Wasser hervorquoll. Wenig zwar, aber eben nicht dicht. Ich versuchte, die Verschraubung fester zu drehen, doch es ging nicht. Durch die Berührung begann es nun auch an anderen Stellen zu tropfen. „Mist, da werden sich wohl die Dichtungen verschoben haben!"
Ich legte mich wieder unter die Spüle und löste die Verbindungen. Dabei hatte ich vergessen, dass der Siphon bis zum Rand voll Wasser war. Das ergoss sich nun über mein Gesicht, Hemd und Hose. Fluchend fuhr ich hoch.
Ich will nun nicht weiter mit Einzelheiten langweilen, aber es gab noch mindestens fünfzehn weitere Versuche, bis ich einsehen musste, dass es so nicht ging. Es passte einfach nicht. Für die Abstände mussten noch andere Teile gekauft werden.

Als meine Frau später wieder nach Hause kam und die noch offene „Baustelle" sah, lächelte sie nur still und sagte nichts.

Ich weiß nicht, wieso mir gerade jetzt die Geschichte von Neumann einfällt, der sich ebenfalls als Heimwerker versucht…


Das Leben könnte so schön sein, wenn der Mensch es sich nicht selbst vergällen würde.

Das eher ungünstige Schicksal braute sich wie eine dunkle Gewitterwolke über Neumanns Haupt zusammen, als seine Frau mit missbilligendem, kritischem Blick die dunklen Stellen an der Wohnzimmerdecke fixierte.

„Die müsste mal gestrichen werden und überhaupt könnte unser Wohnzimmer eine neue Tapete vertragen", stellte sie sachlich fest.

Dabei blickte sie ihren Mann erwartungsvoll an. Der erhoffte Beifallssturm blieb aber aus. Neumann tat so, als hätte er nur das leise Plätschern eines Baches vernommen und der Werbeblock im Fernseher schien ihn ganz in seinen Bann gezogen zu haben.

„Ich habe schon beim Maler einen Kostenvoranschlag machen lassen", blieb Frau Neumann hartnäckig. Keine Reaktion! Die Werbesendung war immer noch höchst interessant. „Es soll nur 1.200 € kosten."

„Was?" Neumann fuhr wie ein HB-Männchen aus seinem Fernsehsessel. „Ich werfe doch mein sauer verdientes Geld nicht diesem Halsabschneider in den Rachen! Weißt du, was man mit 1.200 € alles machen kann?"

Frau Neumann lächelte nun nachsichtig.

„Unser Wohnzimmer streichen und tapezieren, zum Beispiel."
Neumann fuchtelte mit der Hand in der Luft herum, so als wollte er ihre Worte abschneiden.
„Kommt nicht infrage! Das mache ich dann lieber selbst. Das Geld habe ich mir locker an einem Tag verdient."
„Du?", stieß nun seine bessere Hälfte ungläubig hervor. „Das kannst du doch gar nicht!"
„Ich habe diesen sogenannten Fachleuten oft genug zugesehen. Das ist ganz einfach. Einen alten Tapeziertisch habe ich noch im Keller!"
Begeistert von seiner Idee rieb sich Neumann nun tatendurstig die Hände. „Ich werde das jetzt gleich am Samstag erledigen. Dann haben wir noch den Sonntag um alles wieder einzuräumen und sauber zu machen."
Frau Neumann war sprachlos. Einen solchen Energieschub hatte sie bei ihrem Mann schon lange nicht mehr erlebt. Dennoch war sie noch nicht so ganz überzeugt. Vorsichtig fragte sie darum noch einmal nach.
„Bist du ganz sicher, dass du das an einem Wochenende hinbekommst? Ich meine, als du das letzte Mal den Elektriker sparen wolltest und die Heizspirale vom Backofen selbst ausgewechselt hast, da … ."
„Ja, ja, ist ja schon gut!", unterbrach Neumann seine bessere Hälfte unwirsch. Er wollte daran jetzt nicht erinnert werden, denn die Geschichte war für ihn äußerst unglücklich gelaufen. Erst musste er die Verkleidung des Ofens auseinanderbauen, das bedeutete viele kleine Schrauben, Muttern und Unterlegscheiben, um dann feststellen zu müssen, dass er die falsche Heizspirale gekauft hatte. Als er nach einer Odyssee durch mehrere Elektrogeschäfte endlich die richtige bekommen hatte, gestaltete sich der

Zusammenbau mehr als schwierig. Folglich hatte er dann auch einige Teile übergehalten, was nun bewirkte, dass die Verkleidung des Ofens mit unerträglichem Brummen vibrierte. Ab dem Zeitpunkt konnte man im ganzen Haus hören, wenn der Backofen angestellt wurde.

„Das war etwas ganz anderes", lehnte sich nun Neumann beleidigt zurück. „Dieser technische Kram liegt mir auch nicht so. Jetzt ist aber Tatkraft und Kreativität gefragt. Das ist meine Stärke."

Frau Neumann war aber immer noch nicht so recht überzeugt und versuchte noch einen zaghaften Einwand.

„Du hast doch nächstes Wochenende deine Geburtstagsfeier. Da muss das alles fertig sein!"

Dieser Einwand stachelte ihn nur noch an.

„Wir gehen gleich morgen in den Baumarkt und kaufen den ganzen Kram ein. Ha, ich sehe jetzt schon die bewundernd, neidvollen Blicke meiner lieben Gäste."

Am nächsten Tag standen die Neumanns im Baumarkt ziemlich ratlos vor dem Riesenangebot an Tapeten und es dauerte auch nicht lange, da entbrannte zwischen Ihnen ein heftiger Streit darüber, welche Tapete nun die Wände ihres Wohnzimmers zieren sollten. Mit ablehnendem Kopfschütteln verwarf Frau Neumann all seine Vorschläge. Die eine Tapete war zu kräftig in den Farben, die andere etwas zu blass. Die nächste war zu unruhig im Muster und die andere zu monoton.

Neumann war dem Platzen nahe.

„Kann es sein, dass hier zu viel Auswahl ist und du nicht mehr weißt, was du überhaupt willst?", knurrte er und verdrehte dabei die Augen.

„Vielleicht eine rot-blau-grün-gelb gestreifte mit einem Stich ins bräunliche?"

„Du brauchst dich nicht so aufzublasen", erboste sich

nun Frau Neumann. „Schließlich müssen wir sie uns ja ein paar Jahre ansehen und du bist der Erste, dem sie auf die Nerven geht."

Neumann nickte nun ergeben und überließ das Suchen ab sofort seiner Frau. Die griff zielsicher in das unterste Fach, wo sich nur noch einige wenige Rollen befanden und präsentierte eine Rolle mit einem freudigen Aufschrei. „Ja, genau, das ist sie! So habe ich mir sie vorgestellt!“

Neumann rollte die Tapete ein Stück weit auf und betrachtete sie kritisch. Es war eine dicke Strukturtapete mit dezenten Farben und geometrisch angeordnetem Muster. Froh, dass sie nun endlich etwas gefunden hatte, blickte Neumann auf seinen Zettel, wo er notiert hatte, was er alles kaufen wollte. „Wir haben Glück, es sind noch 8 Rollen da, genau so viel, wie wir brauchen.“

Frau Neumann schaute ihren Mann bewundernd an. „Woher weißt du das?“

„Ich habe in unserem Wohnzimmer 29 Bahnen gezählt. Schau her, hier steht es.“ Er zeigte auf die Aufschrift der Rolle.

„Die Rolle hat eine Länge von 10 Metern! Alles andere ist Mathematik. Unser Wohnzimmer ist 2,30 Meter hoch, also bekomme ich 4 Bahnen aus einer Rolle und habe sogar noch was über.“

Neumann schaute auf das Preisschild der Rolle und pfiff durch die Zähne. „Du hast wie immer einen exquisiten Geschmack! Ganz schön teuer, das Papier, aber egal, wir haben ja den Maler gespart.“

Sie räumten das Fach mit den 8 Rollen leer und legten sie in den Einkaufswagen.

Natürlich brauchte Neumann auch Handwerkzeuge, wie Quast, Tapetenmesser, Zollstock und Schere. Alles wanderte in den Einkaufswagen. Beinahe hätte er den

Kleister vergessen. Ratlos stand er vor dem Regal und bestaunte die Sorten- und Markenvielfalt, vor allem deren gewaltigen Preisunterschiede.

„Was nimmt man da wohl?", fragte er rein rhetorisch seine Frau.

„Mein Vater hat früher immer Methylan genommen", verkündete sie und griff in das Fach mit den lila Produkten.

Nun brauchten sie nur noch einen Eimer Deckenfarbe und einen Farbroller. An der Kasse musste Neumann knapp 150 € auf den Tisch legen. Ein lächerlicher Betrag gemessen an dem, was er dem Maler hätte löhnen müssen. Auf der Heimfahrt freute er sich, im Hochgefühl dessen, das bisher alles so gut gelaufen war, und strahlte seine Frau an.

„Du wirst sehen, mein Schatz, das wird richtig Spaß machen. Wir beide verschönern unsere Wohnung. Morgen geht es los."

Als er am Freitagnachmittag nach Hause kam, hatte seine Frau schon die Schränke leer geräumt und das Geschirr und andere zerbrechliche Sachen ins Gästezimmer gebracht.

„Du kannst gleich anfangen. Ich habe schon alles vorbereitet."

Neumann sah es mit Wohlwollen und machte sich sogleich ans Werk. Er holte den Eimer mit der Farbe und stellte ihn mitten ins Wohnzimmer auf den Teppich. Als er den Deckel öffnen wollte, stoppte ihn seine Frau mit einem spitzen Schrei. „Willst du denn den Teppich nicht abdecken? Du versaust mir doch sonst alles."

Neumann stutzte und räumte ein: „Wenn ich auch nicht vorhabe, zu kleckern, muss ich doch zugeben, dass es passieren könnte. Dann musst du noch einmal zum Baumarkt fahren und eine Abdeckplane holen. In der

Zeit beginne ich schon einmal mit dem Abreißen der Tapete.“
Bereitwillig schwirrte Frau Neumann ab. Ja, die Abdeckplane hatten sie gestern vergessen.
Neumann machte sich derweil über die alte Tapete an der Wand her. Fachkundig suchte er nach losen Ecken über der Fußleiste. Vorsichtig zog er daran. Die Tapete ließ sich leicht lösen und bald hatte er die Enden der ersten Bahn in der Hand. Mit gleichmäßigem Ziehen löste er sie mit lautem Ratschen bis zur Hälfte von der Wand. Das ging ja einfach, Schade nur, dass sie in der Mitte der Wand abgerissen war. Er holte aus dem Keller seine Treppenleiter und bewaffnete sich mit einem Spachtel. Ab nun ging alles sehr mühsam. Er bekam nur kleine Fitzelchen von der Tapete los und kratzte und schabte sich so zu seinem ersten Wutanfall. Die Wand sah aus, als hätte sie sich gegen seine ungestümen Versuche mit vielen kleinen hoch stehenden Fetzen gewehrt.
Als Frau Neumann mit der Abdeckplane nach Hause kam, die strubbelige Wand und den hochroten Kopf ihres Mannes sah, verkniff sie sich eine Bemerkung. Mutlos ließ er den Spachtel sinken. „Das geht so nicht! Ich brauche Tapetenlöser“, stellte er kapitulierend fest und sah dabei seine Frau auffordernd an. Die verstand den Blick.
„Ich fahre ja schon. Du kannst in der Zeit ja den Boden abdecken.
Die Plane sah auf den ersten Blick recht stabil aus, doch je mehr er sie auseinanderfaltete, wurde sie doch sehr dünn. Dann kämpfte er mit dem fludderigen Plastik einen einsamen Kampf. Jeder kleinste Luftzug ließ sie sich aufplustern, verfing sich an allen möglichen Ecken und legte sich überall hin, nur nicht da, wo Neumann sie haben wollte. Als er sie schließlich doch liegen

hatte, war sie an vielen Stellen eingerissen und besonders ordentlich sah es auch nicht aus.

Frau Neumann betrachtete, noch mit dem Tapetenlöser in der Hand, die liederlich gelegte Abdeckplane und runzelte die Augenbrauen. „Bist du sicher, dass die Plane so liegt, dass der Teppichboden nichts mehr abbekommt?"

Wortlos nahm Neumann ihr den Tapetenlöser aus der Hand und las sich die Gebrauchsanweisung durch. „Inhalt mit 10 Liter Wasser mischen", las er laut vor. „Ich brauche einen Eimer", stellte er schroff fest."

Frau Neumann merkte, dass sich seine Stimmung durch ihre Bemerkung über die Abdeckplane nicht gebessert hatte und flitzte los, um den Eimer zu holen. Er füllte nun den Eimer mit Wasser und mischte das Lösungsmittel hinein. Dann stieg er mit dem Eimer auf die Treppenleiter, nahm den Quast in die Hand und tauchte ihn ein. Er würde es dieser widerspenstigen Tapete schon zeigen. Die Wasserspiele, die er nun veranstaltete, waren ungeheuerlich. Auf dem Weg vom Eimer zur Wand verlor der Quast das meiste Wasser, das dann mit lautem Pladdern auf die Abdeckplane tropfte. Ein nicht unbeträchtlicher Anteil des Wassers floss in seinen Ärmel und nur ein schäbiger Rest gelangte an die Tapete, wo Neumann es mit wütenden Streichen verteilen wollte, während ihm dabei der Tapetenlöser in die Achselhöhlen lief.

Frau Neumann fasste sich an den Kopf.

„Mein Gott, was machst du denn da? Du setzt ja die ganze Wohnung unter Wasser", rief sie entsetzt, als sie sich das Ergebnis seiner Bemühungen besah.

„Das geht nicht anders", brüllte er erbost zurück und platschte wütend weiter.

„Halt, ich habe eine Idee!", stoppte ihn seine Frau.

Sie lief in den Keller und kam mit einem Schwamm

wieder.

„Damit geht das sicher besser", versuchte sie Neumann zu beruhigen und machte ihm vor, wie er damit umgehen sollte.

Nun ging es doch ganz prima. Zwar lief immer noch Wasser die Wand herunter, doch bei Weitem nicht so viel wie vorher. Frau Neumann besorgte sich noch einen zweiten Schwamm und so schufteten sie zusammen bis in den späten Abend. Trotz dieser Anstrengungen stäubte sich die Tapete nach wie vor und als Neumann dann zu später Stunde entkräftet den Spachtel sinken ließ, sahen die Wände immer noch nicht so aus, wie er sich das vorgestellt hatte. Er ließ es aber dabei bewenden, denn die neue dicke Strukturtapete würde die vielen kleinen buckeligen Reste der alten Tapete verdecken.

Nun fiel den Neumanns auch auf, dass sie, in ihrem Arbeitseifer, nichts gegessen hatten. Todmüde und hungrig fielen sie ins Bett.

Der Samstagmorgen brachte, nach einem ausgiebigen Frühstück, Neumanns Elan und Tatendrang zurück. Er stellte den Farbeimer wieder mitten in den Raum und trotz der Abdeckplane legte er noch ein paar Zeitungen darunter. Dann montierte er im Keller einen alten Besen auseinander und benutzte den Stiel, indem er ihn in den Griff des Farbrollers steckte, als verlängerten Arm.

Frau Neumann betrachtete dies mit Wohlwollen, denn das sah nun schon ganz professionell aus. Neumann tunkte nun die trockene, wuschelige Rolle in den teigigen Farbbrei, um sie dann in einer schwungvollen Bewegung an die Decke zu führen. Dort wollte er die Farbe dann in schnellen, rollenden Bewegungen an der Raufasertapete der Decke verteilen. Mit lautem Pladdern erzeugte er damit große weiße Flecke auf der Abdeckplane.

„Halt!", kreischte Frau Neumann. „So geht das nicht! Mein Vater hatte immer ein Sieb in dem Farbeimer stehen. Damit kann man die Farbe auf der Rolle verteilen!"

Neumann fasste sich an den Kopf. Ach ja, das Sieb! Das hatte er natürlich vergessen zu kaufen. Bittend sah er seine Frau an. Die seufzte ergeben und machte sich auf den Weg zum Baumarkt. Mittlerweile wurde sie dort von den Verkäufern schon freundlich gegrüßt.

Mit dem Sieb ging es dann auch viel besser. Nachdem Neumann die Hälfte der Decke gestrichen hatte, bemerkte er mit Bestürzung, dass die Farbe etwas bewirkte, was ihm am Vortag mit dem Tapetenlöser nur schwer gelungen war. Es bildeten sich Beulen und die Nähte der Raufaser lösten sich ab. Verzweifelt versuchte er, mit noch mehr Farbe die Raufaser wieder anzupappen. Dazu hatte er den Farbeimer mit auf die Leiter genommen und den Besenstiel von dem Griff des Farbrollers entfernt. Mit wildem Drücken und mit viel tropfender Farbe erreichte er nur das Gegenteil. Wütend kletterte er von der Leiter und versuchte, diese samt Farbeimer ein Stück weiter zur nächsten Beule in der Decke zu ziehen. Dabei verhedderte sich ein Fuß der Leiter in der unordentlich verlegten Abdeckplane. Der Farbeimer kippte oben in der Leiter, fiel aber, Gott sei Dank, nicht. Ein Schwall weißer Farbe ergoss sich trotzdem die Stufen herunter auf den Boden. Gedankenschnell war Neumann ein Stück zur Seite gesprungen und hatte von dem weißen Segen nichts abbekommen. Trotzdem kannte nun seine Wut keine Grenzen. Glücklicherweise holte ihn seine Frau von seinem Ärger wieder herunter.

„Reg dich nicht auf, mein Schatz! Es ist doch nichts passiert. Dafür liegt ja die Abdeckplane da. Wir lassen das einfach trocknen, denn die Plane werfen wir ja

sowieso nachher fort. Sieh zu, dass du den Rest der Decke gestrichen bekommst, denn zu Mittag habe ich Pizza bestellt."
Neumann warf einen kritischen Blick zur Decke. „Wenn sie mir bis dahin nicht herunterkommt."
Den Rest der Decke strich er nun zügig, ohne weitere Zwischenfälle, zu Ende und dort, wo er begonnen hatte, glätteten sich die Beulen auch schon wieder. Seine Stimmung hellte sich dadurch enorm auf.
Der Pizzabote hatte die bestellte Pizza gebracht und Frau Neumann wartete ungeduldig auf ihren Mann. Der wollte aber noch schnell den Kleister anrühren. Dazu füllte er den Eimer, in dem sich tags zuvor noch der Tapetenlöser befunden hatte, mit Wasser und ließ das Pulver des Kleisters unter ständigem Rühren in den Eimer rieseln. Ein Paket Methylan auf einen Eimer halb mit Wasser gefüllt. Es sollte eine gute Mischung werden, denn die neue Tapete war ziemlich dick und sollte schließlich vernünftig kleben. Er rührte mit dem Kochlöffel die Mischung noch einmal kräftig um und eilte dann in die Küche, denn kalte Pizza schmeckt grässlich.
Die Pizza machte Durst und eine halbe Stunde Pause mit einer Flasche Bier sollte schon möglich sein. Nach der dritten Flasche legte Frau Neumann ihr Veto ein. „Wenn du noch eine trinkst, klebst du mir die Bahnen kreuz und quer an die Wand und wenn du heute noch fertig werden willst, musst du jetzt loslegen!" Neumann erhob sich unwillig und schlich mit bleischweren Beinen wieder ins Wohnzimmer zu seinem Kleister.
Als er den, gerade hochstehenden, Kochlöffel in der Kleistermasse sah, beschlich ihn ein komisches Gefühl. Vorsichtig versuchte er, ihn herauszuziehen, doch er saß bombenfest. Die vorher doch flüssige Masse hatte sich so verfestigt, dass sie den Löffel nicht mehr

hergab. Rasend vor Wut riss Neumann daran und schimpfte wie ein Rohrspatz, was seine Frau auf den Plan rief. Sie wurde gerade noch Zeuge, wie er den Klumpen Kleister samt Kochlöffel aus dem Eimer riss.
„Du hast nicht genug Wasser genommen. Mein Vater hat immer …."
„Weißt du, was mich dein Vater kann?", brüllte er. Ich brauche neuen Kleister!"
Wortlos machte sich Frau Neumann auf den Weg.
„Du kannst ja schon mal die Bahnen zuschneiden, rief sie ihm zu, bevor sie die Tür hinter sich schloss.
Im Baumarkt versuchte sie das Grinsen der Verkäufer zu ignorieren und steuerte zielsicher auf das Regal mit dem Tapetenkleister zu.
Währenddessen kämpfte Neumann mit dem Tapeziertisch. Irgendwie hatte er die Stützen immer verkehrt und es dauerte eine ganze Weile und mehrere Versuche, bis er endgültig stand.
Dann ging alles doch sehr zügig. Sorgfältig maß er die Länge der Bahn nach, schnitt sie an der Seite mit der Schere leicht ein, faltete sie an der Stelle um und schnitt sie mit dem Tapetenmesser ab. Er hatte gerade so die ersten 3 Rollen zerstückelt, da erschien seine Frau wieder mit dem neuen Kleister auf der Bildfläche.
Interessiert schaute sie, was ihr Mann bisher so gemacht hatte und fragte beiläufig:
„Hast du denn auch auf das Muster geachtet?"
„Muster?"
Neumann wurde es heiß. Natürlich hatte er nicht darauf geachtet. Prüfend hielt er nun die Bahnen nebeneinander. Das Ergebnis war niederschmetternd. Wenn das Muster passte, war die Bahn oben zu kurz und unten zu lang oder umgekehrt.
Schnell schnappte er sich die nächste Rolle, legte nun Muster auf Muster und stellte dann mit Schrecken fest,

dass so nur drei Bahnen aus einer Rolle herauskamen.
Damit stand nun fest, dass die 8 gekauften Rollen nicht
reichen würden. Neumann sah seine Frau an. Die hob
abwehrend ihre Hände.
„Oh nein! Ich betrete diesen Laden heute nicht mehr.
Das machst du jetzt selber."
Neumann kannte seine Frau und man sollte keinen
Tiger reizen. Also machte er sich selbst auf den Weg.
„Haben Sie noch einige Rollen von dieser Tapete auf
Lager? Ich brauche davon noch einige!"
Der Verkäufer warf einen Blick auf die Nummer der
Rolle, die Neumann zur Anschauung mitgebracht hatte,
und schüttelte bestimmt mit dem Kopf.
„Nein, die ist alle. Ich kann sie aber nachbestellen. Nur,
ob das dann der gleiche Farbdruck ist, kann ich nicht
versprechen."
Neumanns Gesicht glich einem Fragezeichen.
„Was bedeutet das und wie lange wird das dauern?"
„Na, Farbunterschiede, verstehen Sie? Vielleicht haben
Sie ja Glück und man sieht es nicht. Ich kann sie ihnen
in fünf Tagen besorgen."
Neumann sah seine Felle davonschwimmen. Das
würde seinen ganzen Zeitrahmen sprengen. Schließlich
hatte er nächstes Wochenende Geburtstag. Blitzschnell
entschloss er sich, eine andere Tapete zu kaufen. Die
verbliebenen Rollen konnte er sicherlich zurückgeben.
Es musste ja doch nicht so eine teure Tapete sein und
Muster brauchte er auch nicht unbedingt.
Als er mit der neuen Tapete nach Hause kam, erntete
er von seiner Frau nur entsetztes Kopfschütteln.
„Was hast du denn da bloß gekauft?", entfuhr es ihr.
Neumann ließ sich aber nicht mehr aus der Reserve
locken. Stoisch machte er sich daran, die Bahnen
zuzuschneiden, und es war kinderleicht ohne Muster.
Frau Neumann hatte die Zeit genutzt und den neuen

Kleister angerührt. Sämig, in der richtigen Konsistenz, tropfte er von dem Kochlöffel.

„Weißt du, woran mich das erinnert?", kicherte sie, während sie die weißlich, schleimige Masse in den Eimer tropfen ließ.

Neumann hatte für solche Scherze im Moment keine Antenne. Der Tag hatte geschlaucht und tief in seinem Innern merkte er, dass es ratsam wäre, wenn er alle weiteren Tätigkeiten auf morgen verschieben würde. Dann war Sonntag und er könnte ausgeruht zu Werke gehen.

Frau Neumann war am Sonntagmorgen schon früh auf den Beinen und hatte längst das Frühstück fertig, als ihr Mann erschien.

„Ich habe eine gute und eine schlechte Nachricht für dich. Welche willst du zuerst hören?"

„Was ist passiert?", knurrte er missgelaunt.

„Die Beulen in der Decke sind verschwunden, auch die Nähte haben wieder angezogen."

„Na, das ist doch toll!", besserte sich seine Stimmung sofort.

Frau Neumann verzog das Gesicht.

„Na ja, dafür ist sie aber fleckig. Du wirst sie noch einmal streichen müssen."

„Was?" Neumann fuhr von seinem Küchenstuhl hoch und rannte ins Wohnzimmer. Die Morgensonne strahlte zum Fenster hinein und offenbarte nun gnadenlos die Stellen, die er mit seinem Farbroller nicht getroffen hatte. Langsam begannen seine Nerven zu vibrieren. Ohne Frühstück begann er unverzüglich, die Decke nachzustreichen und ruhte nicht eher, bis er damit fertig war. Dabei konnte man darüber streiten, ob mehr Farbe an der Decke oder auf der Abdeckplane gelandet war. Da man nun kaum noch treten konnte, ohne dass die Schuhe mit glitschiger weißer Farbe Bekanntschaft

machten, bestand Frau Neumann darauf, dass die Plane entfernt wurde. Was sie zuvor schon geahnt hatte, wurde nun bittere Gewissheit. Die Abdeckplane hatte nicht wirklich gegen Neumanns Kleckerattacken, Schutz geboten. Überall dort, wo die Plane eingerissen war, machten sich nun auf dem dunkelbraunen Teppichboden weiße Flecken breit.
Neumann stieß seine Frau an, die völlig erstarrt auf den ruinierten Boden blickte. „Der hätte sowieso nicht mehr zur neuen Tapete gepasst", versuchte er sie zu trösten.
Sie nickte ergeben und murmelte:
„Ja, wir haben doch den Maler gespart."
Daraufhin nahm er sie in den Arm und versprach:
„Das Gröbste haben wir nun geschafft. Was jetzt noch kommt, ist Kindergeburtstag. Du wirst sehen, wie schnell ich die Tapete an der Wand habe."
Der Kleister vom Vortag hatte sich erstaunlich gut gehalten. Mit etwas Wasser und kräftigem Umrühren wurde er genau so, wie er sein sollte.
Tatsächlich ging ihm das Einkleistern der Tapetenbahnen recht gut von der Hand. Fachmännisch legte er die eingekleisterte Bahn zusammen und ließ sie einweichen.
„Mein Vater hat immer drei Bahnen eingekleistert und dann geklebt", versuchte Frau Neumann ihren Mann zu beraten.
Dafür erntete sie aber nur einen bösen Blick. Er legte sich auf fünf Bahnen fest, denn das würde dann Tempo in das Tapezieren bringen.
Zugegeben, die erste Bahn ist immer die Schwierigste und es dauert bei ungeübten Heimwerkern immer etwas länger, bis sie gerade hängt, doch diese erste Bahn gestaltete sich äußerst schwierig. Nun machte sich der Preisvorteil dieser Tapete besonders bemerkbar. Sie war so dünn, dass sie dort, wo

Neumann sie anfasste, sofort einriss und dabei
mehrmals auf den Boden fiel. Verstohlen knüddelte er
die Bahn zusammen und entsorgte sie unauffällig in
dem Abfallsack. Diesen Misserfolg musste seine Frau
ja nicht unbedingt mitbekommen. Mit der nächsten
Bahn erging es ihm nicht viel besser. Die eingeweichte
Tapete verhielt sich wie nasses Löschpapier. Als er
nach dem dritten Versuch die erste Bahn hängen hatte,
bemerkte er mit Erschrecken, dass die schief hing.
Vorsichtig löste er die Bahn im unteren Bereich wieder
ab und versuchte sie im oberen Teil ins Lot zu
schieben. Dort, wo er schieben wollte, drückte er ein
Loch in die Tapete und in der Mitte bildete sich eine
Falte. Wütend stieg er von der Treppenleiter herunter,
um von unten die Bahn wieder zu lösen.
Aus der Küche hörte er noch seine Frau fragend rufen:
„Hast du schon eine Wand fertig, Liebling?"
Genau in diesem Moment trat er mit einem Fuß in den
Kleistereimer. Das Gefühl war unbeschreiblich. Entsetzt
zog er seinen Fuß wieder zurück und rutschte auch
prompt damit aus, als er ihn wieder aufsetzte. Wild mit
den Armen rudernd verlor er den Halt und stürzte
rückwärts in den Tapeziertisch. Es bumste kräftig, als er
mit dem Kopf an der Kante des Tisches anschlug. Erst
sah er Sterne, dann wurde es dunkel.
Als er wieder wach wurde, sah er das besorgte Gesicht
seiner Frau und die signalroten Jacken der Sanitäter,
die ihn in den Rettungswagen verfrachteten.
Neumann musste fünf Tage, wegen Verdacht auf
Gehirnerschütterung, zur Beobachtung im Krankenhaus
bleiben.
Da lag er nun, zur Untätigkeit verdammt, wo doch zu
Hause so viel Arbeit auf ihn wartete. Frau Neumann
beschwor ihn, nun Ruhe zu bewahren und erst einmal
gesund zu werden. Alles Weitere würde sich schon

finden. Dann, einen Tag vor seinem Geburtstag, konnte sie ihn wieder mit nach Hause nehmen, denn Neumann war wieder fit.

Als sie vor der Haustür standen, hielt sie ihren Mann am Arm fest.

„Schließe bitte die Augen, Schatz, und mach sie erst auf, wenn ich es dir sage. Dort ist dein Geburtstagsgeschenk drin!"

Neumann tat ihr den Gefallen, schloss die Augen und ließ sich von ihr in die Wohnung führen. Als sie in der Mitte des Wohnzimmers standen, ließ sie ihn die Augen öffnen.

Der Anblick überwältigte ihn. Der Raum war fix und fertig renoviert. Die Decke war strahlend weiß und an den Wänden hing genau die Tapete, die sie sich zuerst ausgesucht hatten. Dazu passend war in geschmackvoll dezenten Farben ein neuer Teppichboden gelegt worden.

„Was, was ist hier denn passiert?", stotterte er, nach Fassung ringend.

Frau Neumann betrachtete  mit gespielter Verlegenheit ihre Hände.

„Ich habe mir den Kopf zerbrochen, was ich dir zum Geburtstag schenken könnte. Da ist mir dies hier eingefallen. Du musst mir aber versprechen, dass du deine handwerklichen Aktivitäten nun etwas einschränkst."

Neumann warf den Kopf in den Nacken und lachte. Dabei nahm er seine Frau in die Arme und sprach: „Ich liebe dich, mein Schatz! Du musst aber zugeben, dass ich auch viel Pech hatte. Wo hast du denn so schnell den Maler herbekommen?"

„Den hatte ich gar nicht abbestellt!", gestand sie schelmisch. Dann verschloss sie ihm mit einem Kuss den Mund, denn eine Antwort darauf wollte sie nicht hören.

Am nächsten Tag zeigte Neumann seinen Geburtstagsgästen voller Stolz das neu renovierte Wohnzimmer und erzählte Augen zwinkernd, wie viel Mühe es gekostet hatte. Dabei blieb sein Blick an der losen Fußleiste unter dem Heizkörper hängen. „Setzt euch schon einmal hin, ich muss nur noch mal eben die Fußleiste befestigen. Sie ist nach dem Legen des Teppichbodens wohl vergessen worden." Neumann verschwand in den Keller und kam mit Hammer und Stahlnägeln bewaffnet wieder zurück. Gleich der erste Schlag auf den Nagel erzeugte einen komisch metallischen Klang. Verdutzt versuchte er, den Nagel wieder herauszuziehen. Dazu musste er aber eine Zange holen. Interessiert blickten vom Kaffeetisch aus die Gäste seinen Bemühungen zu. Als Frau Neumann bemerkte, was er da so trieb, war es auch schon zu spät. Er setzte die Zange an und zog den Nagel mit einem Ruck heraus. Ein feiner Wasserstrahl aus dem leckgeschlagenen Heizungsrohr traf ihn mitten ins Gesicht. Es wurde die feuchteste Geburtstagsfete, die er je gefeiert hatte.

# Das Urteil

Wie diese Geschichte beweist, fordern manche
Menschen mit ihren Taten (ich nehme mich da, wie Sie
gelesen haben, nicht aus) auch das Schicksal heraus
und erkennen ihre Grenzen nicht. Da kommt man
schnell zu dem Urteil „da bist du ja selbst schuld daran".
Das ist vielleicht ein wenig vorschnell geurteilt, oder
sagen wir, etwas einfach gedacht.
Menschen wie Neumann kommen einfach in
Situationen, wo nur die 50:50 Chance gilt.
Rot oder schwarz, paar oder unpaar, nichts geht mehr.
Das Leben ist ein Spiel.
Wer hat noch nicht erlebt, dass sich vermeintliches
Pech im Nachhinein als riesiges Glück erweist, oder
umgekehrt. Das Leben besteht aus vielen Weichen, die
vom Schicksal gestellt werden.
Und dennoch ist es wohl kein Zufall, dass man die
Weiche zur einen oder anderen Seite gestellt bekommt.
Ich glaube, das Drehbuch des Lebens eines jeden
Menschen ist bereits bei seiner Geburt geschrieben.
Bei Neumann hat sich der Schreiber aber immer etwas
Besonderes einfallen lassen und dies in allen Bereichen
seines Lebens. Ein Bereich ist die Gesundheit oder
besser gesagt, die Krankheit, denn die Gesundheit wird
als selbstverständlich hingenommen. Es gibt einen
Spruch, der sagt:
„Wenn du gesund bist, hast du viele Wünsche. Bist du
aber krank, hast du nur noch einen."
Man kann sich aber noch so oft vornehmen, seine
eigene Gesundheit als ungeheures Glück zu würdigen
und dankbar jeden Tag zu genießen, es fällt leider
immer wieder dem Alltagstrott zum Opfer. Auch

Neumann, wie wäre es anders möglich, gerät in diese Situation…

„Es ist 5 Uhr 30. Sie hören die Nachrichten". So setzte der Radiowecker, wie jeden Morgen, mit gnadenloser Lautstärke ein und riss Neumann aus seinem tiefen Schlaf.
Wie immer fuhr er hoch und ließ sich kraftlos wieder in die Kissen zurücksinken.
„Oh, Mann, was habe ich nur verbrochen", stöhnte er und suchte mit geschlossenen Augen nach dem Lichtschalter.
Diese frühen Minuten seines Tages gehörten zu den schlimmsten Momenten, in denen er mit seinem Schicksal, zur Arbeit gehen zu müssen, haderte. Oft fragte er sich dann, warum er nicht im Lotto gewinnen würde und verfluchte dabei sein Pech. Manchmal verstieg er sich sogar zu dem Wunsch, krank werden zu wollen. Dabei malte er sich eine leichte Grippe aus, bei der er den ganzen Tag im Bett liegen und schlafen konnte. Diese hochgradige Unzufriedenheit wich dann in der Regel erst nach dem Frühstück. Danach nahm ihn sein Job so in Anspruch, dass für weiteres Jammern kein Platz mehr blieb.
Heute war aber alles anders. „Termin im Krankenhaus!", schoss es ihm durch den Kopf. Plötzlich war er hellwach und das flaue Gefühl im Magen verließ ihn weder bei der Morgentoilette noch beim Frühstück. Er versuchte sich abzulenken, doch es gelang ihm nicht. Immer wieder erschien vor seinem geistigen

Auge, wie sein Hausarzt besorgt das Gesicht verzogen
hatte.
„Und der Augenarzt sagt, dass Ihre Augen in Ordnung
sind? Der schwarze Punkt und die dunklen Schleier vor
dem linken Auge müssten eine andere Ursache haben?
Wenn das nicht ein......." Er sprach den Satz nicht zu
Ende.
„Wir lassen zur Sicherheit ein CT machen."
Der Tag verlief quälend langsam, bis er dann zur
vereinbarten Zeit vor dem Krankenhaus stand.
Neumann hielt die Überweisung krampfhaft in der Hand
während er die Hinweistafel im Eingangsbereich des
Krankenhauses studierte. „Radiologie –
Computertomografie – Intensivstation".
Der Pfeil des Schildes zeigte in den Westflügel der
Klinik. Seufzend machte er sich auf den Weg. Die nette
Schwester in der Anmeldung warf einen Blick auf die
Überweisung und zeigte dann auf den Gang zur
Intensivstation.
„Dort drüben, vor der Tür mit der Aufschrift „CT" warten
Sie bitte. Sie werden aufgerufen, aber es dauert noch
einen Moment."
Als sich Neumann zögernd in den Gang hineinschob,
schlug ihm der typische Krankenhausgeruch entgegen.
Vorsichtig versuchte er, flach durch den Mund atmend,
die aufkommende Übelkeit zu bekämpfen. Er hasste
diesen Geruch, diese Melange aus
Desinfektionsmitteln, Angstschweiß, Bohnerwachs und
Urin, der würgende Furcht in ihm aufsteigen ließ.
So roch es damals, im Krankenzimmer seiner Mutter,
als es mit ihr zu Ende ging, und am Sterbebett seines
Vaters, ein Jahr später, hatte dieser Geruch ihn fast
umgebracht. So roch der Tod.
Unwillig versuchte er seine dunklen Gedanken
abzuschütteln. Er wusste, dass er sich lächerlich

gemacht hätte, wenn er jemand von seinen Empfindungen erzählen würde. Glücklicherweise hatte er Krankenhäuser in seinem Leben bisher immer nur als Besucher von innen gesehen und war jedes Mal heilfroh gewesen, nach kurzer Zeit wieder zurück ins Leben zu dürfen. Aber nun? Er starrte auf die Tür mit der Aufschrift „CT" und versuchte die alte Frau mit dem eingefallenen, wachsgelben Gesicht zu übersehen, die man in einem Bett an ihm vorbei in Richtung Intensivstation schob. „Es wird bei mir schon nichts Schlimmes sein", dachte er, während der schwarze Punkt mit dem dunklen Schleier vor dem linken Auge auf der weißen Wand des Ganges tanzte.

„Und wenn doch?" Das Warten zerrte an seinen Nerven.

Dann öffnete sich endlich die Tür und er wurde hereingebeten. Die Prozedur dauerte nicht lange. Sein Kopf wurde so fixiert, dass er ihn nicht mehr bewegen konnte. Dann schob man ihn in die Röhre und in gleichmäßigem hin und her wurden die Aufnahmen gemacht.

„Setzen Sie sich noch einen Moment in das Wartezimmer des Doktors. Er wird dann das Ergebnis mit Ihnen durchsprechen", informierte ihn die Schwester, als er es überstanden hatte.

Im Wartezimmer saßen schon einige Patienten, die genau wie er nun auf das Ergebnis ihrer Untersuchung warteten. Neumann versuchte sich abzulenken und griff nach einer Illustrierten, doch irgendetwas lesen konnte er nicht.

„Sie warten alle auf ihr Urteil", dachte er und langsam begriff er, dass auch er an einem Wendepunkt in seinem Leben angekommen war. Wie würde sein Urteil lauten? „Tumor im Kopf, inoperabel?" Oder: „Tumor im Kopf, das kriegen wir wieder hin!" Das bedeutete aber

Chemotherapie, Krankenhausaufenthalte und Leid ohne Ende. Neumann schloss die Augen.

„Mach dich nicht verrückt, vielleicht wird doch alles gut." Er blickte von seiner Zeitung auf und sah, wie sich die Tür des Doktors öffnete. Eine junge Frau kam heraus. Ihre Augen waren gerötet und ihr Gesicht tränennass. Sie hatte wohl ihr Urteil bekommen. Neumann bemerkte, wie seine Hand zu zittern begann.

„Lieber Gott.......!" Er stockte. Sollte er jetzt anfangen zu beten, wo er all die Jahre mit Gott nichts am Hut gehabt hatte? Vielleicht war es ja sogar sein Werk, die Strafe dafür, dass er Gott bisher missachtet hatte.

„Reiß' dich zusammen", dachte er. „Aber wenn ich hier heile herauskomme, werde ich mein Verhältnis zu Gott neu überdenken."

Der nächste Patient, ein älterer Mann, kam mit bleichem, aber gefasstem Gesicht aus dem Sprechzimmer heraus. Dann wurde Neumann aufgerufen. Seine Gestalt straffte sich. Er war nun bereit sein Urteil zu hören.

„Wegen welcher Beschwerden sollte diese Untersuchung gemacht werden?" fragte ihn der Arzt nach einer kurzen Begrüßung.

„Mein linkes Auge, schwarzer Punkt und Schleier", stotterte Neumann, unfähig einen zusammenhängenden Satz zu formulieren.

„Mhm". Der Arzt betrachtete noch einmal eingehend das Computerbild von Neumanns Schädel.

„Ich kann hier aber nichts entdecken. Sie sind heute mein Erfolgserlebnis. Herzlichen Glückwunsch! Alles ist genauso wie es sein soll. Ich bin zwar kein Augenarzt, aber alles deutet darauf hin, dass bei Ihnen eine Trübung der Glaskörper im Augenhintergrund vorliegt. Das ist eine harmlose Erscheinung, die ab einem gewissen Alter auftreten kann."

Neumann verließ fluchtartig die Klinik. Draußen sog er tief die frische Luft ein und alle Last fiel von ihm ab.
„Freispruch auf Bewährung! Von nun an wird mein Leben anders. Lieber Gott, ich danke dir. Ich werde nun für jeden neuen Tag, an dem ich gesund aufwache, dankbar sein und ihn jede Sekunde genießen."
Sein Heimweg war angefüllt mit guten Vorsätzen, und seinem Augenarzt wollte er noch ein paar Takte erzählen. Abends machte er mit seiner Frau eine Flasche Sekt auf und es wurde spät. Von seinen Nöten im Krankenhaus erzählte er ihr aber nichts.
Am nächsten Morgen setzte der Radiowecker pünktlich um 5 Uhr 30 ein.
„Sie hören die Nachrichten."
Neumann fuhr hoch und ließ sich kraftlos wieder in die Kissen zurückfallen.
„Oh Mann, was habe ich nur verbrochen", stöhnte er und suchte mit geschlossenen Augen nach dem Lichtschalter.

# Augenblicke

Wie gesagt, die Gesundheit ist das höchste Gut des Menschen und ein Geschenk, für das man dankbar sein sollte. Es könnte sich sonst das Blatt schnell wenden. Dieses Mal ist die Geschichte für meinen Freund Neumann noch einmal gut ausgegangen, doch die Geschichte des Auges ist noch nicht zu Ende. Sie passierte nur wenige Monate später.

Es fing alles damit an, dass Neumann seine Sonnenbrille verklüngelt hatte. Eine Sonnenbrille mit teuren Gleitsichtgläsern, deren Verlust sehr ärgerlich war.
Noch schlimmer war, dass gerade ein Urlaub in Mallorca bevorstand und ohne Sonnenbrille war er dort aufgeschmissen.
Also ging Neumann zum Optiker, um sich schnellstens eine Neue zu beschaffen.
„Hören sie gute Frau", strahlte er die Optikerin an. „Ich brauche eine neue Sonnenbrille mit Gleitsichtgläsern. Bei der Gelegenheit könnten sie auch mal meine Sehstärke überprüfen. Ich habe das Gefühl, dass ich mit meiner normalen Brille auch nicht mehr so recht sehen kann."
Die Optikerin nickte verständnisvoll und führte ihn an das Sehtestgerät.

„Legen sie ihr Kinn in die Schale hier und schauen durch die Linse auf die Tafel", wies sie ihn freundlich an.

Ein prüfender Blick auf ihre Unterlagen, Neumann hatte hier schon einige Brillen gekauft, ließ sie die vorhandenen Werte einstellen.

Nun starrte er mit dem rechten Auge durch die Linse auf die Tafel. Zu seiner Überraschung konnte er alle Buchstaben dort gut erkennen.

„So besser oder so besser", fragte die Optikerin während sie die Sehstärke veränderte.

„Wo ist denn da eine Tafel", wollte Neumann seinen uralten Komisswitz loswerden.

Die Brillenfachfrau lächelte nur müde und wartete geduldig auf die richtige Antwort. Neumann räusperte sich.

„Sorry! Ich glaube die erste Einstellung war richtig."

„Na also! Dann hat sich ja nichts verändert. Nehmen wir nun das linke Auge."

Sie verschloss die rechte Linse und Neumann musste nun mit dem linken Auge durch das Gerät blicken.

Dabei sah er aber nur die hell erleuchtete Tafel, aber keine Buchstaben.

„Lesen sie bitte einmal die obere Reihe von links nach rechts vor!"

„Äh", machte Neumann nun verständnislos. „Jetzt wollen sie mich aber foppen, was? Ich sehe keine Buchstaben."

„Ist das nun ihr ernst?", fragte sie misstrauisch. Neumann nickte heftig und blickte noch angestrengter durch das Sichtgerät. Es machte zweimal „klack".

„Sehen sie nun etwas?"

Neumann sah nun verschwommen, dass da etwas stand, erkennen konnte er aber nichts. Dies sagte er dann auch. Irritiert stellte die Optikerin mehrere Stärken höher.

„Was ist jetzt?", fragte sie nun schon fast ungeduldig.

„Ich müsste raten", erwiderte er nun kleinlaut.

„So geht das nicht junger Mann! Auf dem Auge sind sie ja blind wie ein Maulwurf. Dafür habe ich keine Brille. Gehen sie mal schleunigst zum Augenarzt. Mit dem Auge stimmt etwas nicht."

Neumann war entsetzt. Er, der Kerngesunde, der Unverwundbare, hatte ein Gebrechen. Das konnte nicht sein.

Die Untersuchung beim Augenarzt bestätigte aber die Vermutung der Optikerin.

„Sie haben einen Schleier auf der Netzhaut. Außerdem sieht sie aus, wie ein zerknüddeltes Stück Papier. Dadurch haben sie nur noch 20% Sehkraft auf dem Auge. Das lässt sich nur operativ beheben. Bisher trauen sich aber nur wenige Kliniken da heran."

Der Schock saß bei Neumann tief. „Was soll ich nun machen?", fragte er leise.

Der Augenarzt zuckte mit den Schultern.

„Wenn ihrem gesunden Auge durch einen dummen Zufall etwas passiert, sind sie fast blind. Ich würde das nicht so lassen. Das ist aber letztendlich ihre Entscheidung."

Neumann brauchte nun nicht lange überlegen. „Also gut, ich mach es."


Die Parkmöglichkeiten, morgens um 10 Uhr vor der städtischen Klinik in Dortmund, waren sehr begrenzt. Für einen liebevollen Abschied von seiner Frau, die ihn mit dem Auto hergebracht hatte, blieb keine Zeit.

„Tschüss, alles Gute, ein flüchtiger Kuss und „ich rufe dich an". Dann stand er in der Eingangshalle des Krankenhauses. Zielstrebig hielt er auf den Schalter der

Information zu.

„Ich habe eine Einweisung in die Augenklinik. Wo muss ich da hin?", fragte er den freundlichen Herrn in der Information. Der blickte nur kurz auf.

„Die Treppe rauf, dann rechts", lautete seine kurze Antwort.

Neumann folgte gehorsam diesen Anweisungen und fand sich vor dem Schild „Augenklinik Ambulanz" wieder. Vor der Anmeldung stand eine beachtliche Menschenschlange. Als er nach einer halben Stunde bis zu der Sekretärin durchgedrungen war, warf sie nur einen flüchtigen Blick auf die Einweisung.

„Da sind sie hier falsch! Sie müssen zur Aufnahme im Erdgeschoss."

Neumann schluckte seinen Ärger hinunter, konnte es sich aber nicht verkneifen zu bemerken: „Weiß so etwas ihre reizende Auskunft nicht? Die hat mich nämlich hierher geschickt."

Die Dame zuckte mit den Schultern und verkündete, ohne sich weiter um ihn zu kümmern, lautstark für die hinter Neumann anstehenden: „Die Ambulanz ist geschlossen!"

Die Aufnahme lag eine Treppe tiefer. Vor dem Schalter der Aufnahme waren mehrere Sitzreihen angeordnet, die darauf schließen ließen, dass man sich auf lange Wartezeiten gefasst machen musste. Es saßen auch schon einige Leute dort.

Neumann blickte sich fragend um. In das hell erleuchtete Büro mit der Aufschrift „Aufnahme" konnte er durch die Glasscheiben hineinsehen. Dabei stellte er fest, dass sich dort niemand zur Anmeldung befand. Also trat er ein. Eine nette, junge Frau blickte ihn auffordernd an.

„Ich habe hier eine Einweisung in …."

„Ich gebe ihnen eine Nummer und warten Sie dann

bitte, bis Sie aufgerufen werden", fiel sie ihm ins Wort. „Danke, sehr freundlich", murmelte Neumann, nahm den Zettel entgegen und setzte sich resignierend zu den anderen Wartenden. Kaum hatte er Platz genommen, da verkündete die Nummernanzeige mit dezentem Klingeln, dass die Nummer 61 an der Reihe wäre. Ungläubig starrte Neumann auf seinen Zettel. Das war ja seine Zahl. „Geht doch", dachte er zufrieden und betrat das angezeigte Büro. „Ich habe da eine Einweisung in die Augenklinik", lächelte er die freundliche Dame an und reichte ihr die Papiere herüber.

Sie studierte eingehend seine Daten und fragte fast beiläufig: „Auf welche Station sollen Sie denn?" Neumann machte ein ungläubiges Gesicht. „Ich dachte, das würden Sie mir jetzt sagen", entgegnete er verunsichert.

Die Dame runzelte unwillig die Stirn und griff zum Telefon. „Hier sitzt ein Herr Neumann. Gehört der euch?" Die Antwort auf ihre Frage schien sie zufrieden zu stellen. „Melden Sie sich auf Augen 4. Sie werden dort erwartet."

Auf Augen 4 herrschte ein unbeschreiblicher Betrieb. Die Station, ein langer Flur mit vielen Türen, war voller Menschen. Auf langen Stuhlreihen zu beiden Seiten des Flures saßen sich Patienten in Bademänteln gegenüber. Neumann stellte belustigt fest, dass alle rechts oder links eine weiße Augenklappe trugen. In der Mitte des Flures vor dem Büro der Stationssekretärin warteten mehrere Männer und Frauen mit ihren Taschen. Ergeben stellte er sich an. Es ging dann aber recht zügig, weil die Meisten vor ihm wieder abgewiesen wurden. Mit überlegenem Grinsen vernahm Neumann die Stimme der Sekretärin: „Erst in die Aufnahme im Untergeschoss. Dann kommen Sie wieder her."

Es geht nichts über eine gute Information in der Eingangshalle.

Gestresst wandte sich die Sekretärin nun Neumann zu. Prüfend sah sie seine Unterlagen durch und nickte: „Sie kommen auf Zimmer 403. Eine Schwester wird sich gleich um Sie kümmern. Bitte nehmen Sie erst einmal Platz."

Neumann gewann seine alte Sicherheit wieder. Nun wird es endlich losgehen mit der medizinischen Versorgung.

„Sind Sie Herr Neumann? Ich bin Schwester Birgit. Ich habe einige Fragen, die Sie mir beantworten müssen", baute Sie sich nach überraschend kurzer Wartezeit vor ihm auf. Mit einem kurzen Nicken zeigte Neumann seine Bereitschaft an.

„Also, was möchten Sie heute Mittag essen? Hackbraten oder Putenschnitzel?"

Neumann machte ein verblüfftes Gesicht. Er hatte Fragen nach seiner Gesundheit erwartet. „Äh, Putenschnitzel."

„Was möchten Sie heute Abend essen? Vollkornbrot, Roggenbrot oder Weißbrot? Ein, zwei oder drei Schnitten? Möchten Sie Wurst oder Käse? Schmierwurst oder Aufschnitt? Was möchten Sie trinken?"

Neumann hob die Hände und unterbrach ihren Wortschwall. „Hagebuttentee mit Süßstoff, damit Sie nicht alle Ihre Teesorten aufzählen müssen."

Schwester Birgit lächelte zufrieden, ließ sich aber nicht beirren.

„Was möchten sie morgens zum Frühstück essen?" Dann begann die ganze Litanei der Auswahlmöglichkeiten von vorne. Das zog sie so für

vier weitere Tage durch. Neumann brummte der Kopf,
als sie ihn endlich mit den Worten entließ: „Ich rufe sie,
wenn wir sie für die Untersuchungen brauchen."
Damit stand wohl fest, dass es heute keine Operation
mehr geben würde. Dies wollte er nun so schnell wie
möglich seiner Frau mitteilen. Dazu verließ er die
Abteilung Augen 4 und ließ sich draußen im
Treppenhaus auf einer Sitzbank nieder. Sein Handy
war noch auf „stand by" . Er brauchte zum Telefonieren
nur die Tastensperre lösen. Kaum war Neumann seine
Neuigkeiten losgeworden, als sich ein Mann in Uniform
vor ihm aufbaute.
„Machen sie sofort das Handy aus! Damit dürfen sie
innerhalb der Klinik nicht telefonieren!", schnauzte er
drohend.
Neumann zuckte zusammen. „Das habe ich nicht
gewusst", murmelte er zerknirscht.
Es steht ganz groß unten in der Eingangshalle
angeschlagen! Das muss man doch sehen", ließ der
penetrante Mensch nicht locker.
Bei Neumann stieg nun der Blutdruck.
„Nein, das habe ich nicht gesehen! Was glauben sie,
warum ich hier in der Augenklinik bin?", knurrte er nun
ärgerlich zurück.
Der Mann vom Sicherheitsdienst schnappte nach Luft.
Mit dieser Antwort konnte er nichts anfangen.
„Dann, dann wissen sie es jetzt", stotterte er, drehte
sich um und verschwand. Grinsend zog sich Neumann
auf seine „Augen 4" zurück, wo man ihn schon suchte.
„Herr Neumann bitte zum Tropfen" rief Schwester Birgit
in den Flur hinaus.
Eiligst fand er sich in dem Behandlungszimmer ein.
Eine Schwester mit streng zurückgekämmten Haaren
und großer Oberweite knurrte ihn unwirsch an: „Wer
sind Sie?"

Neumann schüttelte verständnislos den Kopf. „Sie haben mich doch gerade aufgerufen! Neumann ist mein Name!"

„Ach ja, sie sind das! Augen auf und nach oben blicken" schnarrte sie. „Es dauert nur einen Augenblick" Neumann bekam die Tropfen in beide Augen, was ihn doch sehr wunderte. Es nährte auch seine Angst, dass man bei der Operation das gesunde Auge mit dem kranken verwechseln könnte.

„Wozu sind die Tropfen gut?", fragte er misstrauisch.

„Die erweitern ihre Pupillen, damit der Doktor gleich etwas sieht. Kommen sie in 10 Minuten wieder."

Die Prozedur der Augenblicke wiederholte sich noch zweimal. Danach hatte Neumann das Gefühl, als wären seine Pupillen mittlerweile zu Wagenrädern geworden. Dann musste er, wie alle anderen auch, vor dem Arztzimmer Platz nehmen und warten. Als er sich um sah, musste er unwillkürlich grinsen. Mit ihm saßen überwiegend ältere Männer und Frauen, die mit ihren extrem geweiteten Pupillen wie Zombies aus einem Gruselfilm aussahen.

Nach einigem Warten wurde er hereingebeten. Neumann bekam nun die geballte Technik der Augenklinik zu spüren. Dabei wechselte sich gleißend helles mit grell rotem Licht ab und blendete ihn schmerzhaft und dies an beiden Augen.

„Sie wissen doch, dass es das linke Auge ist?", fragte er sicherheitshalber noch einmal nach. Die junge Ärztin hätte sich beinahe verschluckt.

„Na, ihr Vertrauen in unsere Künste scheint ja grenzenlos zu sein", prustete sie los.

„Warten sie noch einen Augenblick, der Chef will sie auch noch sehen."

Es dauerte aber noch mehrere Augenblicke bis der Chefarzt heranrauschte. Dann begann für ihn dieselbe

Prozedur noch einmal. Seltsamerweise beschäftigte der Arzt sich intensiv mit dem gesunden, rechten Auge und nur ganz kurz mit dem Linken. Dabei ließ er nicht mehr als ein „Aha" oder ein „Mhm" verlauten. Dann brummelte er:

„Das lohnt sich aber. Ich wünsche ihnen für morgen alles Gute."

Damit war Neumann entlassen. Er verzog sich auf sein Krankenzimmer. Seine Zimmergenossen, beides ältere Herrschaften so um die 80 Jahre alt, waren wohl frisch operiert worden und nicht ansprechbar. Neumann nutzte die Zeit bis zum Abendessen, indem er sich häuslich einrichtete und einen fast aussichtslosen Kampf mit dem Fernseher und der Fernbedienung kämpfte. Irgendwann gelang es ihm aber doch ein Bild zu bekommen. Dann wurde auch schon das Abendessen gebracht.

Auf dem Tablett lag ein Zettel mit dem Stempel „Standard" und nichts von dem, was er sich bestellt hatte, befand sich darauf. Normalerweise hätte ihn das auf die Palme gebracht, doch jetzt war ihm das egal.

Nach einer unruhigen Nacht, in der seine Zimmergenossen mit  infernalischem Schnarchen das Krankenzimmer in einen Raubtierkäfig verwandelt hatten, wurde er von Schwester Birgit auf die Operation vorbereitet.

„Nehmen sie diese Tabletten. Da werden sie ruhig von. Sie sind erst als siebter dran.

Es dauert also noch einen Augenblick."

Der Augenblick dauerte endlos und die Tabletten zeigten bei Neumann keinerlei Wirkung. Dann war es endlich so weit.

Der Anästhesist setzte mit geschickten Händen den Port für die Narkose auf Neumanns rechtem Handrücken und tätschelte beruhigend seinen entblößten Arm.

„Es dauert nur einen Augenblick, dann sind sie weg. Aber wir passen auf sie auf."

Dann erschien in Neumanns Gesichtsfeld ein vermummter Kopf.

„Ich bin Oberarzt Pinkwald und werde sie operieren. Welches Auge war es noch mal?"

Neumann wurde starr vor Schreck. Das war die Horrorfrage schlechthin. Verzweifelt wollte er sich aufrichten, doch die Wirkung der Narkose setzte schon ein.

„Links, liiiinks", wollte er schreien doch es wurde nur noch ein Nuscheln. Dann umfing ihn gnädig das Nichts. Er hörte darum auch nicht mehr, wie sich das Operationsteam ausschütten wollte vor Lachen. Diesen Joke gönnte sich Oberarzt Pinkwald schon mal hin und wieder und bei diesem Patienten war er besonders gelungen.

„Aufwachen, Herr Neumann, aufwachen!", holte ihn eine energische Stimme aus dem Schlaf der Narkose. „Welches Auge?", war seine erste Frage.

„Öffnen sie ihre Augen und sie werden es sehen", antwortete sie belustigt.

Neumann versuchte seine Augen zu öffnen. Dies gelang ihm aber nur rechts, denn das linke Auge war mit einem dicken Verband verklebt.

„Da habe ich noch einmal Glück gehabt, was? 50:50 Chancen gehen sonst immer zu meinen Ungunsten aus. Gute Arbeit!", flüsterte er mühsam und schlief dann sichtlich erleichtert wieder ein.

# Leiden tut weh

Da hatten wir sie wieder, die 50:50 Chance. Zugegeben keine echte; da die Ärzte wohl genau wussten was sie taten. Aber für meinen Freund Neumann hat es sich so dargestellt. Nun, da wir uns schon so eingehend mit Neumanns Gebrechen beschäftigt haben, können wir das noch ein wenig vertiefen. Überhaupt ist das Thema Gesundheit, oder, besser gesagt, Krankheit, eines der Lieblingsthemen der Menschen. Das mag vielleicht daran liegen, dass jeder sein eigenes Wehwehchen so intensiv empfindet, dass er dies seinen Mitmenschen in aller Ausführlichkeit mitteilen muss. Wer hat noch nicht während der quälend langen Wartezeiten in einer Arztpraxis sich Horrorgeschichten über Krankheiten anhören müssen, die mitteilungsbedürftige Patienten lautstark von sich geben. Wobei sie sich mit der Schwere ihrer Leiden auch noch brüsten.
Es gibt aber auch Leiden, die nicht so dramatisch sind. Nehmen wir das Zahnweh. Komischer Weise sind die Wartezeiten in den Zahnarztpraxen nie sehr lange und eine große Kommunikation kommt auch nicht auf. Es erzählt niemand, wie lange und wie tief der Zahnarzt gebohrt hat. Irgendwie sind Zahnschmerzen stille Leiden. Trotzdem könnte jeder dazu eine Geschichte beitragen. So auch mein Freund Neumann. Es fängt alles, wie sollte es bei ihm auch anders sein, ganz harmlos an…

*****

„Das Zahnweh subjektiv genommen ist ohne Zweifel unwillkommen. Doch hat's die gute Eigenschaft, dass sich dabei die Lebenskraft, die man nach Außen oft verschwendet, auf einen Punkt nach Innen wendet und hier energisch konzentriert," deklamierte Neumann, nicht ohne eine gewisse Schadenfreude in der Stimme, den Anfang eines Gedichtes von Wilhelm Busch.
Seine Lebensgefährtin hielt sich die schmerzende Backe und schaute ihn mit bösem Blick von der Seite an. „Das ist nicht lustig", murrte sie.
„Das sollte es auch nicht sein. Man muss regelmäßig zum Zahnarzt gehen, dann passiert einem so etwas nicht", belehrte Neumann seine bessere Hälfte.
„Ich gehe ja regelmäßig einmal im Jahr", konterte sie nun schon recht ärgerlich.
„Zu wenig! Schau mal!"
Neumann baute sich vor ihr auf und bleckte seine Zähne.
„Schiehscht du? Schtrahlend weisch!"
Er ließ die Beißer wieder hinter den Lippen verschwinden. „Ich gehe jedes Quartal zum Nachsehen. Das lohnt sich. Mir fehlt bisher nur ein Backenzahn und der ist einem Kirschkern, der sich unerwarteter Weise in einem Stück Torte befand, zum Opfer gefallen."
„Ist ja gut, die Story kenne ich schon! Die hast du mir schon ein paar Mal erzählt. Was ist, bringst du mich nun zum Zahnarzt?"
Neumann merkte, dass mit seiner leidenden Lebensgefährtin im Moment nicht zu scherzen war. Also versagte er sich weitere belehrende Worte und

brachte sie mit dem Auto zur Zahnarztpraxis. Das
Wartezimmer war leer. Daher dauerte es auch nicht
lange und sie wurde hereingebeten. Neumann blickte
sich nach einer Illustrierten um.
Missbilligend schüttelte er den Kopf. Es gab nichts
Vernünftiges. Auf einem kleinen Tisch lagen nur
Reklameheftchen der Krankenkassen. Damit brauchte
er sich aber nicht lange abmühen, denn
Lebensgefährtin kam schon bald mit strahlendem
Lächeln wieder heraus. „Es war nicht so schlimm, nur
ein kleines, winziges Loch. Ich brauchte noch nicht
einmal eine Betäubungsspritze"
„Na siehst du", verkündete Neumann gönnerhaft. „Ein
Besuch beim Zahnarzt ist doch nicht so ein Horrortrip,
wie es immer dargestellt wird."
„Ja, ja, stell dir vor, es wäre nächste Woche in unserem
Urlaub passiert. Nicht auszudenken!"


Der Urlaub begann wie es Neumann sich gewünscht
hatte. Die Sonne lachte vom Himmel und die warme
Luft lud selbst in den höheren Regionen der Berge zum
Wandern ein. Darüber hinaus versprach der
Wetterbericht für den Bereich Tirol weiterhin schönes
Wetter. Da sie sich für diesen Urlaub einige lange und
schwierige Touren vorgenommen hatten, war es wichtig
ihre Büro- und Autofahrerbeine erst einmal an die
kommenden, doch hohen Anforderungen zu gewöhnen.
Nach einem ausgiebigen Frühstück und bester Laune
zogen sie los. Ihr Weg führte zur Bergbahnstation nach
Igls, einem wunderschönen Örtchen oberhalb von
Innsbruck. Von dort aus wollten sie hinauf zum
Patscherkofel, um dort oben einen fast ebenen,
Rundwanderweg zu nehmen. Neumann hasste
eigentlich diese Gondelbahnen, denn er bekam in ihnen

immer so ein mulmiges Gefühl im Bauch und er war heilfroh als sie, oben angekommen, wieder festen Boden unter den Füßen hatten. Sie folgten dann dem ausgeschilderten Wanderweg und genossen die herrliche Sicht auf Innsbruck und das Inntal mit der schneebedeckten, in der Sonne blitzenden Nordkette. Neumann blieb stehen und atmete tief durch. „Ja, das ist Urlaub! Ist das nicht herrlich hier?"
Zustimmend drückte sich seine Lebensgefährtin an ihn. Für einen Moment genossen sie das malerische Panorama. Neumann fühlte sich wohl und die Welt war in Ordnung. Da zuckte er plötzlich zusammen. Wie ein Blitz aus heiterem Himmel traf ihn der Schmerz. Wild pochend zog er sich von einem Backenzahn im Oberkiefer bis hinauf in die letzten Spitzen seiner Haare.
„Was ist mit dir?", fragte Lebensgefährtin besorgt.
„Ach nichts! Das geht gleich vorbei" beruhigte er sie. Aber nichts ging gleich vorbei. Mit jedem Schritt auf dem Wanderweg nahmen die Schmerzen zu. Neumann blieb stehen. „Es geht nicht mehr. Ich habe wahnsinnige Zahnschmerzen."
„Waas?" Lebensgefährtin blickte ihn belustigt an. „Was hast du, Zahnschmerzen?"
Sie konnte sich das Lachen nicht verbeißen. Dann bleckte sie ihre Zähne.
„Dasch kann mir nisch passieren! Schieh mal wie weisch schie schind!"
Sie wollte sich ausschütten vor Lachen.
„Lass den Blödsinn" knurrte er. „Ich verstehe nicht, wie das kommen kann. Ich muss sofort zum Zahnarzt."
„Wie stellst du dir das vor? Heute ist Sonntag!"
„Wir müssen trotzdem zurück! In meinem Koffer habe ich Schmerztabletten. So halte ich das nicht aus."
Mit fliegenden Schritten eilten sie zur Bergstation

zurück und nahmen die nächste Talfahrt. Als sie unten ausstiegen, hellte sich Neumanns Miene plötzlich auf. „Der Schmerz hat nachgelassen, ist nicht mehr so schlimm" freute er sich.

In der Urlaubspension angekommen, warf er sich erst einmal zwei Schmerztabletten ein und legte sich für den Rest des Tages leidend auf die Sonnenterrasse. Dabei spülte er den Backenzahn mit reichlich Obstler. Abends fühlte er dann nichts mehr, weder Schmerz noch sonst etwas.

Am nächsten Morgen beim Frühstück, der Schädel brummte noch etwas, fragte Neumann seine Lebensgefährtin voller Tatendrang: „Was machen wir heute?"

„Ich würde gerne die Tour von gestern noch einmal versuchen" grinste sie. Misstrauisch blickte er sie von der Seite an. „Mach dir keine falschen Hoffnungen. Die Zahnschmerzen sind verschwunden."

Lebensgefährtin lachte. „Was denkst du von mir? Sieh mal, wir können doch nicht gleich mit einer schweren Tour beginnen. Geht es dir auch wirklich gut, keine Schmerzen?"

Neumann warf sich in die Brust: „Nicht die Spur! Mir geht es blendend. Ich weiß auch nicht, was das gestern war. Los geht's, wir haben schon genug Zeit verloren."

Frisch gestärkt machten sie sich zur Mittelstation der Bergbahn auf. Kaum hatte sich die Gondel einige Meter in die Höhe bewegt, setzten Neumanns Zahnschmerzen, erst nur ein wenig und erträglich, dann mit jedem Höhenmeter, den die Gondel zurücklegte, mit unerträglicher Vehemenz wieder ein. Neumann stöhnte gequält auf und verzog Schmerz gepeinigt das Gesicht: „Ich kann die Höhe nicht vertragen", stöhnte er.

„Na Klasse, dann sind wir in den Bergen ja gerade richtig", fand Lebensgefährtin das nun auch nicht mehr

lustig. „Du gehst jetzt sofort zum Zahnarzt, sonst können wir unseren Urlaub hier abhaken."
In Igls, dem kleinen Ort an der Talstation der Bergbahn, gab es einen Dentisten. Der machte ein ratloses Gesicht, nachdem er Neumanns Gebiss eingehend untersucht hatte. „Jo mei, do sieh i nix!"
Neumann tippte auf seinen Backenzahn über der Tortenteillücke im Unterkiefer: „Der tut weh, der musch esch schein."
Der Dentist besah sich den Zahn nun genauer. „Geh herst, oan kloanes Loch und des tat so weh?" Er begann zu bohren und um sicherzugehen auch etwas tiefer, als er es normalerweise getan hätte. Dann kam die Plombe drauf und fertig. Neumann spülte sich den Mund aus und strahlte. Es hatte ja gar nicht so wehgetan, fast nicht, aber alles war jetzt gut. Er schaute seine Lebensgefährtin fragend an: „ Sollen wir es noch einmal versuchen? Die Zeit hätten wir ja noch."
Sie nickte ergeben und bald bestiegen sie die Gondel der Bergbahn. Die Schmerzen raubten Neumann fast den Verstand, als sie die Mittelstation passierten und sich Richtung Bergstation bewegten. Fluchtartig machten sie oben wieder kehrt und fuhren postwendend zu Tal.
Der Dentist staunte nicht schlecht, als er Neumann wieder in seinem Wartezimmer sah.
„Tun sie irgendetwas! Der Schmerz ist nicht auszuhalten", stöhnte Neumann und der Dentist machte sich sofort ans Werk. Er entfernte die, gerade frisch eingesetzte Plombe, spritzte Betäubung, bohrte, spritzte, bohrte bis das gesamte Innenleben des Zahnes, inklusive Nerv entfernt war. Dabei kniete er auf Neumanns Unterarme und klemmte sie erbarmungslos ein. „Wenn's Schmerzen hob'n, dann heben's den Arm."
Neumann brachte nur ein gequältes „Äh" zustande.

Als er später die Praxis verließ, wusste er nicht mehr, was ihm alles wehtat. Er verließ sich aber auf die Aussage, dass nun alles gut wird.

Der einzige Unterschied zu den Behandlungen zuvor war aber nur, dass er, um rasende Zahnschmerzen zu bekommen, nicht auf den Berg fahren musste. Schon am Ortsausgang holten sie ihn wieder ein. Neumann machte auf dem Absatz kehrt und im Laufschritt, seine Lebensgefährtin wie eine Fahne hinter sich her ziehend, eilte er zurück zum Dentisten. Der wollte gerade Mittagspause machen und stand schon im Hut und Mantel bereit zum Gehen. Als er Neumann sah, entgleisten ihm die Gesichtszüge. Wütend nahm er seinen Hut und knallte ihn auf den Boden: „ Jo kreizkruzifix, wos ham's den für Zähne?"

Nun ließ sich Neumann auf nichts mehr ein und bestand darauf, dass der Zahn gezogen wurde. Der Dentist ließ die Mittagspause sausen. Da er aber ein großer, kräftiger Mann war, dauerte die Prozedur auch nicht all zu lange. Mit  einem Ruck war der Zahn, ein beachtliches Exemplar, heraus.

„Zähne wie a Kua", murmelte der Dentist noch und hoffte inständig, diesen Menschen nie wieder sehen zu müssen.

Neumann lag zwei Tage seines wertvollen Urlaubs flach, spuckte Blut und schluckte Tabletten gegen die, nun dröhnenden Kopfschmerzen. Dann aber, am dritten Tag war alles überstanden. Es wurde noch ein schöner, schmerzfreier Urlaub und die erlittene Pein war bald vergessen.

Zwei Wochen später, Neumann ist längst wieder zu Hause, als ihn beim Frühstück mit seiner Lebensgefährtin, ein wohlbekannter, rasender Zahnschmerz vom Oberkiefer bis in die Haarspitzen fährt.

„Au verdammt, mir tut ein Zahn weh, den ich nicht mehr habe!", fluchte Neumann und hielt sich die Backe.

„Nun höre aber auf! Das kann doch nicht sein", erboste sich Lebensgefährtin. „Ich glaube, das bildest du dir alles nur ein. Männer sind Memmen!"

Neumann hatte keine Zeit mehr zum Streiten. Die Schmerzen nahmen mit Vehemenz zu und darum winkte er nur ärgerlich ab.

Der Zahnarzt hörte sich Neumanns Urlaubsstory geduldig, mit ungläubigem Staunen, an. „Hatte der in Igls denn kein Röntgengerät?", fragte er dann verwundert.

„Der hatte gar nichts, noch nicht einmal eine Sprechstundenhilfe", informierte Neumann, während der Zahnarzt sich eingehend in seinem Gebiss umsah.

„Der hat ja eine schöne Lücke gerissen", murmelte er dabei. „Aber sonst sehe ich auch nichts. Da müssen wir röntgen!"

Als der Zahnarzt sich später das Röntgenbild besah, pfiff er überrascht durch die Zähne. Dann zeigte er Neumann die Aufnahme.

„Sehen sie dahinten den Weisheitszahn? Von außen sieht man ihm nichts an, aber von innen ist er total faul. Da sollen sie wohl Schmerzen haben. Ich muss ihnen leider sagen, dass ihr „österreichischer Freund" ihnen den falschen Zahn gezogen hat."

Neumann rutschte vor Schreck fast durch den Stuhl. „Und nun?"

Der Weisheitszahn muss auch raus! Da gibt es keine Hilfe."

Neumann nickte ergeben. Ihm war nun alles egal, Hauptsache die Schmerzen hörten auf. „Das kann ich aber nicht machen. Der Zahn ist entzündet, daher wird keine Betäubungsspritze wirken. Ich überweise sie zum

Kieferchirurgen. Der holt ihn unter Narkose heraus", versetzte der Zahnarzt nun Neumann in Panik.

Als er dann im Wartezimmer des Kieferspezialisten saß, zitterten ihm die Knie und die Schmerzen waren verschwunden. Standhaft wehrte er sich gegen den Wunsch, jetzt klammheimlich wieder zu verschwinden. Dann wurde er hereingebeten und damit sein Fluchtweg abgeschnitten. Noch einmal wurde am Röntgengerät von seinem Gebiss ein Panoramabild gemacht. Dann legten sie ihn auf eine Bahre, die in der Mitte des Behandlungsraumes stand. Ein riesengroßer, dunkelhäutiger Arzt in operationsgrün, trat zu ihm heran. Genüsslich zog er eine Spritze auf.

„Mund auf", kommandierte er knapp.

„Aber, es soll doch unter Narkose gemacht werden", sträubte sich Neumann.

„Wer sagt das? Mund auf!"

Vor Schreck öffnete Neumann den Mund und die Spritze fuhr hinein. Gerade noch konnte er herausbringen: „Angere Scheite!"

Daraufhin änderte die Nadel ihre Richtung und stieß gnadenlos mehrmals zu. Der

dunkle Riese verschwand und ließ Neumann mit seinen Ängsten allein. Nach einiger Zeit erschien er wieder.

„Mund auf!" Möglicherweise war dies sein ganzer Wortschatz. Mit einem spitzen Haken testete er nun, ob Neumann noch Gefühl in der fraglichen Region seines Esszimmers hatte. Dann öffnete er dessen Mund noch weiter und stellte ihn mit einer Sperre fest, sodass er nicht mehr geschlossen werden konnte. Mit einem hässlichen Knirschen, dabei wurde sein Kopf hin und her gerüttelt, brachte der Hüne den Zahn heraus. Achtlos warf er ihn in eine Nierenschale und verschwand wieder. In Neumanns Mund sammelte sich Blut und Schleim. Verzweifelt sah er sich um, aber in seiner Nähe gab es nichts, wo er es hätte hinspucken können. Ergeben hielt er es im Mund, bis ihm das Atmen schwerfiel und er alles herunterschlucken musste. Dabei wurde ihm übel. Gerade noch konnte er seinen Brechreiz unterdrücken, da kam die Erlösung. Eine Schwester erbarmte sich seiner. Die offene Wunde im Kiefer wurde vernäht. Dann durfte er aufstehen und gehen. Fluchtartig verließ er den Ort des Grauens.

Als er dann zu Hause durch die Wohnungstür trat, schlug Lebensgefährtin erschrocken ihre Hände vor das Gesicht. „Wer hat dich denn verhauen?"

Neumanns Antlitz war völlig deformiert. Quasimodo wäre dagegen eine Schönheit gewesen. Das rechte Auge war vollkommen verschwunden und der, mit getrocknetem Blut beschmierte und durch die Betäubungsspritze noch gelähmte Mundwinkel, hing schlaff herunter. Neumann blickte in die Augen seiner Lebensgefährtin. Täuschte er sich, oder konnte er da eine Spur von Schadenfreude erkennen.

„Esch war ja nischt scho schlimm", gab er sich keine Blöße.

Lebensgefährtin lachte laut auf.

„Na siehst du, ein Zahnarztbesuch ist doch nicht so ein Horrortrip, wie es immer dargestellt wird."

Dann brachte sie sich schleunigst in Sicherheit.

# Die blaue Reise

Ein weiteres wichtiges Thema, über das die Menschen gerne und oft reden, sind Urlaubserlebnisse.
„Wir waren letztes Jahr auf Gran Canaria. Fünfsterne Hotel, versteht sich, All Inclusive! Das Wetter war einfach toll…und so weiter, und so weiter."
Man erzählt vor Neid blassen Freunden, wie schön und wie teuer der Urlaub doch war und wenn man weiß, dass sich der Zuhörer aus Geldmangel keinen Urlaub leisten kann, betont man absichtlich, dass man ja schon dreimal in diesem Jahr gefahren ist. Das sind kleine Grausamkeiten, die man bewusst seinem Nächsten antut, um sein Ego zu stärken. Von missratenen Urlauben erfährt man meistens nur sehr wenig, denn das käme einer persönlichen Niederlage gleich. Ich denke dabei insbesondere an unseren letzten Urlaub auf Lanzarote. Das All-Inklusive- Vertragshotel aus der „alles aber günstig Kette" zeigte sich uns von seiner ungünstigsten Seite. Zugegeben, das Wetter hat auch nicht mitgespielt und darauf war das Hotel nun gar nicht eingestellt. Es war kalt und zugig und der einzige erträglich warme Platz in dieser Herberge befand sich unter der heißen Dusche oder bis über beide Ohren unter der Bettdecke. Unterhaltung gab es nur in der Poolbar, in der man sich vor Kälte fast den Tod geholt hätte. Das eiskalte Bier, das man darum auch nur Schlückchen weise trinken konnte, gab einem dann den Rest. Es gab noch viele weitere Unzulänglichkeiten, von denen ich aber nicht mehr berichten möchte.
Lieber will ich nun von einem Urlaub erzählen, den die Familie Neumann in der Türkei erlebt hat…

*

Urlaub ist das höchste Gut eines Stressgeplagten, arbeitenden Menschen und zäh wie ein alter Gummischlauch zieht sich die Zeit, bis es dann endlich soweit ist. Die unstillbare Sehnsucht, tief in uns nach Sonne, Meer, Ruhe und Erholung, nach neuen, fremden Eindrücken, Speisen und Getränken  und nach unbekannten Sitten und Gebräuchen in fernen, südlichen Ländern, wird drängend und unaufschiebbar. Neumann, ein Herr im gesetzten Alter, träumt von all dem, während er mit seiner Frau, eingezwängt in Reihe 32 Sitz E und F im Airbus der LTU, sein Frühstück einnimmt. Es war leider kein Fensterplatz zu bekommen. Das kann ihm aber die gute Laune nicht verderben.

Wenn man erst einmal im Flugzeug sitzt, hat der Urlaub schon begonnen. Es müsste jetzt nur die verfluchte Plastiktüte, in der Messer und Gabel eingeschweißt sind, aufgehen. Ratsch! Messer, Löffel, Salz, Milchweißer und Zucker fliegen daher und landen unter dem Sitz.

„Möchten Sie Tee oder Kaffee", strahlt die Stewardess ihn an.

„Äh, Kaffee!"

„Ich möchte auch Kaffee", sagt seine bessere Hälfte und kichert über sein Missgeschick.

„Jetzt müssten die Turbulenzen kommen", unkt sie.

„Immer, wenn ich Kaffee im Flugzeug bekomme, gibt es Luftlöcher." Für die Turbulenzen sorgt Neumann bei dem verzweifelten Versuch, sein Besteck wieder zu bekommen. Schwapp! Der Kaffee verbreitet sich über das ganze Tablett. Neumann ist einem Tobsuchtsanfall nahe, beschließt aber dann darüber zu lachen. Es ist ja Urlaub. Krampfhaft versucht er, seine missliche Lage zu ignorieren. Mit angelegten Ellenbogen schneidet er das kleine, weiche Brötchen auf. „Idiotisch", denkt er. „Da soll man Käse, Schinken, Salami, Fleischsalat und Marmelade auf ein Minibrötchen und einer Scheibe Schwarzbrot, von der Größe einer Milchschnitte, verteilen." Irgendwie gelingt es ihm aber dann doch, weil er mit einem Auge die Technik seiner Frau beobachtet. Das Käse-Schinken-Salamibrötchen schmeckt aber nicht schlecht, sodass er sich mutig an den Joghurt heranmacht.

„Du musst vorher mit der Gabel hineinstechen", rät ihm seine Frau.

Zu spät! Man soll nicht glauben, wie das spritzen kann.

„Ich habe es dir doch gesagt! Waldfrüchte bekommt man beim Waschen nicht mehr raus! „heitert seine Liebste Neumann auf.

„Ich hasse Waldfrüchte", denkt er und beschließt die Mahlzeit zu beenden. „Wenn ich bloß schon wieder aus dieser Kiste raus wäre".

Auf dem Bildschirm des Fernsehers über ihm wird ein Film von Mr. Bean gezeigt.

„So ein Trottel! Dem passieren aber auch die unmöglichsten Dinge, alles überzeichnet, alles Quatsch." Neumann lehnt sich zurück. Dabei drückt er den Knopf, um seine Rückenlehne schräger zu stellen. Das findet sein Hintermann gar nicht so lustig, denn er befindet sich noch mitten in seiner Mahlzeit und seine Tasse Kaffee ist gerade nachgefüllt worden. Neumann überhört die Schimpfwörter, obwohl er einige von ihnen noch nicht kennt. Was soll es! Es ist Urlaub und die Unannehmlichkeiten einer Reise gehören dazu. Er starrt zum Fernseher hinauf. Mr. Bean ist zu Ende. Die LTU macht nun Reklame für Urlaub in der Türkei. Die

blaue Reise!
Sonne, Meer, altertümliche Sehenswürdigkeiten und
nette Menschen laden zu einem unvergesslichen
Urlaub ein. Neumanns Stimmung bessert sich sofort. Er
stößt seine Frau an.
„Schau dir das an! Genau da fahren wir hin.“
„Fliegen wir hin“, verbessert sie ihn.
„Ja, ja“, ereifert er sich. „Ist doch egal. Hauptsache es
wird ein super Urlaub.“
„Du wolltest doch nie in die Türkei.“
„Ja, ja, aber jetzt freue ich mich darauf. Ich habe bis
jetzt noch niemand gehört, dem es dort nicht gefallen
hat. Alle schwärmen davon.“
„Warten wir es ab“, dämpft sie seine Begeisterung.
Ärgerlich über so viel Pessimismus lehnt sich Neumann
wieder zurück und schließt die Augen. Er würde den
Urlaub genießen. Das war noch immer so gewesen.
Nach einer Schleife über Antalya setzt das Flugzeug
zur Landung an. War doch alles nicht so schlimm. Die
Maschine steht noch nicht, da schnallen sich fast alle
Fluggäste los und stehen auf und dies trotz
mehrmaliger Aufforderung der Besatzung, doch
solange damit zu warten, bis die Maschine die
endgültige Position erreicht hat. Neumann öffnet die
Handgepäckklappe, um die Jacken heraus zu holen.
Eine Handtasche fällt polternd herunter in den Gang.
Neumanns Hintermann reagiert auf den spitzen Schrei
seiner Frau: „Meine Tasche!" Er richtet sich drohend
auf. Seine volle Größe kann er nicht entfalten, denn
dazu reicht der Raum über ihm nicht aus. Neumann
wirft einen scheuen Blick auf den großen Kaffeefleck
auf dessen Brust. Hastig zieht er seine Frau mit sich
fort und bringt somit einige andere Fluggäste zwischen
sich und dem Unhold.
Dann geht alles recht zügig, selbst bei der

Passkontrolle. Nur das Transportband für die Koffer hat seine Mucken. Es denkt nicht daran, sich in Bewegung zu setzen. Dann, nach längerem, spannendem Warten, geht es aber los. Es folgt Koffer auf Koffer, nur die der Neumanns nicht. Neumann nimmt es gelassen. Daran ist er schon von anderen Reisen gewöhnt und  in Palma war das auch nicht anders. Um ihn herum stehen Familien mit ihren Kindern. Natürlich wollen die vorne stehen. Eine Frau fährt Neumann mit dem Kofferbuggy vor das Schienbein.
„Warum fahren diese Idioten nur mit dem Buggy genau bis vor das Band?"
Tatsächlich herrscht dadurch dort das helle Chaos. Das Transportband ist nun fast leer. Nur ein einzelner, reichlich ramponierter Koffer dreht seine Ehrenrunden. Den bangen Blicken seiner Frau begegnet Neumann mit einem zuversichtlichen Kopfnicken. Dann tut sich auch wieder etwas. Mittlerweile ist das Band auch für eine Maschine aus Moskau freigegeben. Um Neumann herum herrscht nun babylonisches Sprachengewirr. An russische Urlauber muss man sich in der Türkei erst noch gewöhnen. Na ja, so schlimm wird es wohl nicht werden. Gott sei Dank, die Koffer sind da. Hartschalenkoffer zum Rollen! Neumann wuchtet sie vom Band. Dann drückt er seiner Frau die Handtaschen und die Jacken in die Hand und greift in die seitlich angebrachten Griffe der Schalenkoffer. Auf den spiegelglatten Fliesen der Flughafenhalle lassen sich selbst so schwere Koffer wie diese kinderleicht ziehen. Neumann kommt aber nicht weit und es macht „Ratsch". Fassungslos hält er den Griff hoch. Seine Frau blickt sich nach ihm um und sieht Mann mit Griff.
„Was hast du denn jetzt wieder gemacht? Der neue Koffer!"
„Ich habe ihn einfach nur gezogen!"

Wütend folgt er seiner Frau, den einen Koffer ziehend und den anderen mit angewinkeltem Arm schleppend. „Wo müssen wir denn hin?"
An den Ausgängen stehen Männer und Frauen mit den Schildern der verschiedenen Reisegesellschaften in der Hand. Die freundliche Dame von der TUI strahlt sie an. „Nach Kemer, Holiday Village? Das ist Bus Nr. 53. Er steht auf dem zweiten Parkplatz."
Na also! Der Parkplatz ist sehr groß und es stehen unzählige Busse dort. Neumann beginnt zu schwitzen, denn die Luft ist heiß und schwül.
„Wo ist denn dieser zweite Parkplatz? Ich kann diesen mistigen Koffer nicht mehr tragen!"
„Bleib du hier stehen. Ich suche ihn", bietet sich seine Liebste an.
Nach kurzer Zeit kommt sie wieder. Sie hat ihn tatsächlich gefunden. Zur Überraschung der Neumanns sind sie in dem kleinen Bus die einzigen Fahrgäste. Die freundliche Dame von der TUI erscheint wieder und wünscht ihnen nach einigen Instruktionen eine gute Fahrt und einen schönen Aufenthalt in der Türkei. Dann geht es los. Neumann atmet auf. Ha, jetzt wird alles gut. Der Fahrer startet mit dem Kleinbus, als wollte er den großen Preis von Antalya gewinnen. Auf der Hauptstraße, quer durch die Stadt, geht es glücklicherweise nicht so schnell. Der Verkehr ist mehrspurig und zäh. Neumann schaut aus dem Fenster hinaus und sucht auf der Straße die Markierung für die dritte Spur. Es gibt keine. Als dann der Fahrer mehrmals hintereinander bei Rot über die Ampel brettert, streicht Neumann sein Vorhaben, sich eventuell später einen Leihwagen zu mieten. Sie verlassen die Stadt und fahren auf der Schnellstraße nach Kemer.
„Sieh mal nach draußen, wie schön es hier ist, mein

Schatz!"
Mein Schatz nickt zustimmend. Tatsächlich bilden die
Ausläufer des Taurus Gebirges ein herrliches
Panorama. Der Bus biegt von der Schnellstraße ab und
hält nach kurzer Zeit.
Der Fahrer stellt die Koffer auf die Straße und hält die
Hand auf. Neumann kramt in seiner Tasche und drückt
ihm ein Zweieurostück in die Hand. Damit scheint er
zufrieden zu sein und fährt davon.
„Das sieht aber toll aus! Schau mal, das Hotel sieht aus
wie eine mittelalterliche Burg", begeistert sich
Neumanns Frau. Er hat aber vorerst dafür kein Auge.
Der defekte Koffer bereitet beim Tragen doch sehr viel
Mühe. Glücklicherweise ist die Rezeption nicht weit. Vor
der Anmeldung stehen eine Menge Leute und reden
laut und wild durcheinander.
„Oha, die Sprache habe ich doch schon in Antalya am
Gepäckband gehört", denkt er missmutig. Es dauert
nun eine ganze Weile bis sich das Durcheinander
gelegt hat. Endlich kümmert man sich um sie.
Die Formalitäten sind schnell erledigt. Sie bekommen
ein blaues Plastikband um das Handgelenk befestigt.
„All inklusive, Sie verstehen?"
Der Hotel Boy führt sie durch die gepflegte Anlage zu
ihrem Zimmer. Bewundernd fallen ihre Blicke dabei auf
die wunderschönen Blumenbeete, die den Weg
umranden.
„Ist das nicht toll hier? Sieh mal, wie in einer richtigen
Burg mit Türmen und Mauern!" entdeckt nun Neumann
seine Umgebung.
„Na sag ich doch und diese Ruhe", stimmt Frau
Neumann ihm zu.
Das Zimmer holt sie im ersten Moment von Ihrer
Euphorie herunter.
„Tatsächlich! Wie im Mittelalter", murrt Neumann. Der

obligatorische Gang ins Bad und WC ernüchtert nun doch sehr. Ein Ohrenkrabbler sucht in der Dusche verzweifelt das Weite, doch Neumann lässt ihm keine Chance.

„Puh!" Der entsetzte Aufschrei seiner Frau lässt ihn zurück ins Zimmer eilen.

„Der Schrank stinkt muffig! Da hänge ich meine Sachen nicht rein."

Nun riecht es Neumann auch.

„Das macht die hohe Luftfeuchtigkeit hier", versucht er sie zu beruhigen.

„Hier bleibe ich auf gar keinen Fall. Ich will ein anderes Zimmer", bleibt Frau hartnäckig. Auch das kennt Neumann schon. Sie will in jedem Urlaub ein neues Zimmer. Er verspürt aber keinerlei Lust, sich den Ärger an der Rezeption anzutun und beginnt demonstrativ seinen Koffer auszupacken. Dabei fällt ihm der Kulturbeutel mit den Körperpflegesachen in die Hände. Kurzerhand nimmt er sein Eau de Toilette von Davidoff und sprüht damit heftig in den Schrank. Der Kampf der Gerüche geht unentschieden aus. Frau Neumann gibt sich geschlagen und beginnt nun ebenfalls mit dem Auspacken.

„Nun wird es aber Zeit, dass wir ans Wasser kommen", drängt Neumann.

Er steht schon fertig für den Strand gekleidet in der Tür.

„Lass die Hetzerei sein. Wir haben Urlaub."

Neumann lässt die Strandtasche fallen und setzt sich in stummem Protest auf den winzigen Balkon. „Weiber", denkt er. „Bis die mal aus dem Quark kommen, ist die Sonne untergegangen."

„Kommst du? Oder willst du da sitzen bleiben?" Neumann schluckt eine heftige Antwort runter und erhebt sich ergeben. Es ist ja Urlaub!

Der Strand erweist sich als herbe Enttäuschung. „Dass

es kein feiner Sandstrand sein würde, wusste ich ja aus
dem Prospekt. Aber, dass hier das Zeug liegt was wir
zu Hause für den Bau unserer Terrasse genommen
haben, wusste ich nicht."
„Hör' auf zu nörgeln. Sieh doch, da führt ein Steg ins
Wasser und Liegen gibt es auch."
„Siehst du eine, die frei ist?"
Sie sehen keine und in den Schotter setzen wollen sie
sich auch nicht. Also zurück zum Pool. Besonders die
Poollandschaft mit ihren geschwungenen Becken, den
kleinen Brücken und den mächtigen Pinien, hatte im
Prospekt bezaubernd ausgesehen und war mit einer
der Gründe gewesen, warum sie gerade dieses Hotel
gebucht hatten. Natürlich all inklusive. Einmal im Urlaub
kein Geld ausgeben müssen, nicht bei jedem Bier das
Gefühl zu haben, die Kneipe zu kaufen.
In dem Prospekt hatte alles sehr groß und weitläufig
ausgesehen. Nun ist doch alles sehr eng. Lehne an
Lehne reihen sich die Liegestühle um das Becken
herum, in dem eine Menge Kinder fröhlich tollen. Eine
außergewöhnlich gütige Fügung will es, dass direkt am
Beckenrand noch zwei Stühle frei sind. Neumann
merkt, wie die Müdigkeit nach ihm greift. Der Tag war
doch anstrengend. Er legt sich hin und schließt die
Augen. Ja, das ist Urlaub. Schwapp!
Ein Schwall Wasser ergießt sich über seinen Kopf.
Senkrecht sitzt er auf seinem Stuhl und schnappt nach
Luft. Dabei blickt er in das fröhlich quietschende
Gesicht eines etwa dreijährigen Jungen, der mit seinem
Wassereimerchen für die Erfrischung gesorgt hatte.
„Klausi", hörte Neumann vorwurfsvoll eine
Frauenstimme rufen. „Nicht den Onkel nass machen."
Klausi ignoriert die vorwurfsvolle Stimme. Das hat doch
so viel Spaß gemacht. Onkel nicht nass machen, aber
Tante. Frau Neumann fuhr prustend hoch.

„Pass auf, du kleine Kröte. Mach das bei deiner Mama!"
Klausi muss diesen Ton wohl zum ersten Mal in seinem
Leben gehört haben. Seine Augen weiten sich
verständnislos. Dann läuft er heulend zu seiner Mutter.
„Brüllen Sie meinen Sohn nicht noch einmal so an. Was
wollen Sie eigentlich hier, wenn Sie keine Kinder
mögen."
Neumann macht ein verdutztes Gesicht. Was sollte das
denn bedeuten? Beruhigend legt er seine Hand auf die
Schultern seiner Frau und fragt:
„Sag mal Schatz, haben wir in dem Prospekt etwas
übersehen?"
„Was soll ich da übersehen haben", knurrt sie ihn,
immer noch aufgebracht, an. „Wir haben den Family
Fun Club Holiday Village gebucht, all inklusive!" „Ich
glaube, ich brauche einen Drink", stöhnt Neumann.
„Schau dich bloß mal um! Hier wimmelt es nur von
diesen kleinen, halslosen Ungeheuern! Ich......"
Der Rest seiner Worte geht in dem infernalischen
Gebrüll zweier Kleinkinder unter, die sich um einen
Wasserball streiten. Frau Neumann macht ein betre-
tenes Gesicht. In der Tat, Family, darauf hatte sie nicht
geachtet.
„Rege dich ab, Schatz. Morgen finden wir sicher einen
Platz am Strand. Da ist es bestimmt ruhiger." Neumann
lässt sich besänftigen, aber einen Drink braucht er
trotzdem. Sie gehen an die Poolbar und klettern auf die
Barhocker. Bald stellt sich heraus, dass sie wohl für
Fakire konstruiert worden sein müssen, denn länger als
fünf Minuten in einer Sitzhaltung hält man darauf nicht
aus. „Zwei Bier!" In der Türkei sprechen alle deutsch.
Da ist eine Bestellung kein Problem. „Birra, Ok.!" Der
Barmann bricht sich beim Zapfen fast einen ab und
darum hört er auch damit auf, als das Glas nur halb voll
ist. Das Bier ist eiskalt und schmeckt wunderbar. „Ich

könnte noch eins vertragen", leckt sich Neumann den Mund, doch der Barmann ist intensiv damit beschäftigt, Gläser einzuräumen. „Wie heißt auf Türkisch: Ich möchte bitte noch ein Bier?" An der Theke wird es voller. Ein riesengroßer Kerl herrscht den Barmann in seiner derben russischen Sprache an: „Proschki druschni, druschni Wodka!" Der Barmann bringt ihm prompt ein volles Glas. „Du solltest dich besser danach erkundigen: Wie heißt auf Russisch "Bier her", spottet Frau Neumann. In der Tat hört man an der Bar kein deutsches Wort. Karaschow, schpaciba, dawei und dobro vece, gute Nacht.

Der Tag neigt sich dem Ende zu. Von jetzt an kann alles nur noch besser werden. Hinter den Bergen des Taurus Gebirges zieht ein Gewitter auf. Es knallt, dass die Wände wackeln und dicke Regentropfen prasseln hernieder. Dadurch verzögert sich ihr Gang zum Abendessen etwas. Frau Neumann will mit den frisch gestylten Haaren nicht durch den Regen. So plötzlich, wie es gekommen ist, verschwindet das Gewitter wieder und der Nahrungsaufnahme steht nichts mehr im Weg. Möglicherweise haben alle anderen Menschen in der Anlage genauso gedacht. Vor dem Buffet bildet sich eine Schlange, so lang wie die Menschenkette der Friedensaktivisten beim Ostermarsch. Es müssen aber russische Friedensaktivisten gewesen sein. Die Sprache ist herrlich, Karaschow. Nachdem es Neumanns doch gelungen ist, bis zum Buffet vorzu-dringen, sind sie begeistert. Salatschüsseln in endlosen Reihen und reichhaltiger Vielfalt überwältigen sie, sodass selbst sie als alte Buffetprofis bald die Übersicht verlieren. Es ist auch schon eine Kunst in aller Ruhe auszuwählen, wenn man durch Schubsen, Drängeln und dreisten Überholmanövern abgelenkt wird. Irgendwie schaffen sie es aber doch, ihre Teller zu füllen. Dann stehen sie verloren in der hin und her eilenden Menschenmenge.

„Siehst du zwei freie Plätze?" Neumann geht suchend durch die Tischreihen. „Ist da noch frei", fragt er vorsichtig, als er an einem Achtertisch noch zwei leere Stühle erspäht.

„Njet", winkt eine Russin ab.

Frau Neumann kommt aufgeregt gelaufen. „Wo bleibst du denn? Ich habe zwei schöne Plätze und Wein habe ich auch schon besorgt. Den kann man sich einfach aus Fässern zapfen, die neben dem Buffet stehen."

Die „schönen Plätze" sind ein Gartentisch und zwei Plastikstühle dicht neben der Stelle, wo die benutzten Teller gesammelt und die Speisereste entsorgt werden. Neumann rümpft die Nase, denn es stinkt. „Wir haben aber auch ein Pech."

„Hab dich nicht so! Schmeckt der Salat nicht herrlich?"

„Ja, ja, aber es stinkt hier."

Als Hauptgang gibt es türkische Spezialitäten. Die Menschenkette davor ist gigantisch. Neumanns beschließen, sich trotzdem anzustellen. Es gibt Moussaka, gegrilltes Lammfleisch und Reis. Als sie an ihre Plätze zurückkommen, sind Weingläser und Besteck verschwunden, abgeräumt.

„Na gut, wenigstens die Plätze sind noch frei. Ich hole neuen Wein und das Besteck bringe ich auch mit." Neumann kommt mit dem Wein wieder und macht ein ganz verzweifeltes Gesicht. „Weißt du, wo es hier neues Besteck gibt? Ich finde keines. Langsam geht mir das hier auf den Sack."

„Ruhig, wir haben Urlaub! Setz dich, ich hole es." Frau Neumann zieht los. Nach fast zehn Minuten kommt sie glücklich strahlend zurück. „Sie haben es gerade dahingestellt." Neumann hat sich in der Zeit schon zweimal Wein nachgeholt und grinst schon angeheitert.

Der Tag war hart. Das Fleisch und das übrige Essen sind mittlerweile eiskalt. Mhm, Lammfleisch kalt, eine Delikatesse! Nun kommt aber der Nachtisch. Der soll alles retten. Das Buffet ist überwältigend. „Guck mal", grinst Neumann, immer noch angeheitert. „Man sieht die Kalorien förmlich über den Tisch krabbeln."
„Damit kannst du mich nicht schrecken! Jetzt wird zugeschlagen."
Buttercreme und Sahnetorten wechseln sich mit Pudding und unbekannten, um nicht zu sagen undefinierbaren Leckereien ab. Fasziniert schaut Neumann einer Dame zu, wie sie kunstvoll ihren Dessertteller zu einer Pyramide aus all den genannten Sachen aufschichtet. „Karaschow, poljumai dawei, dawei, njet." Es ist nicht zu fassen.
„Ich probiere die Sachen aus, die ich nicht kenne", verkündet Frau Neumann.
Neumann hätte sich lieber einen Schokoladenpudding gegessen, schließt sich aber aus Solidarität seiner Frau an. Die Teilchen sind widerlich süß und fettig, aber tapfer kämpfen sie sich da durch. Mittlerweile hat am Nebentisch eine Familie mit drei kleinen Kindern Platz genommen. Der Lärm steigt ins Unermessliche. Man glaubt nicht, in wie vielen verschiedenen Tonlagen Kinder heulen können. Neumanns hatten dies eigentlich schon längst und Gott sei Dank, vergessen. Ihre Kinder sind nun schon groß. Fluchtartig verlassen Neumanns das Restaurant und suchen eine gemütliche Bar, wo Ruhe ist und man ein gepflegtes Bier trinken kann und zwar umsonst, all inklusive, versteht sich. Sie finden eine Bar, die ist aber nicht besetzt. Kein Bier, kein Schnaps, kein gar nichts. Also machen sie sich dorthin auf, wo es anscheinend etwas zu trinken gibt.
„Poolbar!" Es ist dunkel geworden und das Gewitter hat die Luft mächtig abgekühlt. Wo am Tag diese Bar

sonnenverbrannten Urlaubern Kühle und Schatten spendet, bringt sie jetzt, insbesondere Frau Neumann, zum Frieren. Es zieht und es ist saukalt. Neumann winkt dem Barmann.

„Zwei Bier, bitte." Dabei drückt er ihm einen Fünfeuroschein in die Hand und zwinkert mit den Augen.

„Birra, Ok."

Das Bier ist kalt und der Schaum verschwindet in Sekundenschnelle. Frau Neumann macht Turnübungen auf dem harten, unbequemen Hocker und das Bier wird auch nicht alle. Es schmeckt nicht.

„Wir müssen etwas Anderes trinken." Neumann schaut sich um, was die anderen so bestellen. Wodka scheidet aus. Aber da ist noch Gin, Brandy, Raki und ein Cocktail zu haben. Na gut, Raki. Der schmeckt so wie Ouzo.

„Raki on Eis, Ok."

Der Abend wird nicht lang. Die Müdigkeit treibt sie von den Folterbarhockern und lässt sie wie tot in ihre Betten fallen.

„Urlaub ist doch was Feines, nicht wahr?"

„Ja, Schatz! Ich bin müde. Gute Nacht."

Der Morgen ist die Quelle allen Glückes, sagt ein chinesisches Sprichwort. Neumanns sind ausgeruht und voller Tatendrang. Mit den Sitten und Gebräuchen des Hotel- und Strandlebens sind sie bestens vertraut. Das ist in Mallorca auch nicht anders als hier und dort waren sie schließlich schon unzählige Male. Neumann klemmt sich die Handtücher unter den Arm. Vor dem Frühstück müssen die Liegen reserviert werden. In der Hotelinfo steht der Hinweis, dass die Liegestühle nicht vor 7.00 Uhr belegt werden dürfen. Recht so! Nun ist es 8.15 Uhr und das ist für Urlaub auch schon eine ziemlich unchristliche Zeit. Aber die frühe Stunde, so meint Neumann, garantiert ein optimales Plätzchen am Strand unter den Schatten spendenden Sonnensegeln. Frohen Mutes stapfen sie durch den Schotter. Neumanns Gesicht wird immer länger. Liegen die vielen Handtücher noch von gestern hier? So weit das Auge reicht, ist keine freie Liege zu sehen. Die „Morgenstund" bekommt einen bitteren Geschmack im Mund und Ärger vor dem Frühstück soll nicht gut sein. Da entdeckt Frau Neumann zwei hochgestellte Liegestühle direkt am Wasser und abseits der Sonnensegel. Der Tag ist gerettet und morgen will Neumann all diesen besitzergreifenden Frühaufstehern zeigen, was eine Harke ist.

Das Frühstück versöhnt sie wieder, denn es gibt alles, was das Herz begehrt. Nur die Tischmusik hat sich nicht geändert. Das Geheul unausgeschlafener Kinder, in allen Sprachen und Tonlagen, untermalt ihr beschauliches Frühstück.

Der Begrüßungscocktail vom Vertreter der TUI vor Ort, Murat, verläuft mit der üblichen Routine.

„Wenn Ihnen irgendwas missfällt, sagen sie es mir oder schreiben sie es auf!"

„Ob der das Buch wohl liest", denkt Neumann grimmig, sagt aber nichts. Stattdessen bucht er für sich und seine Frau eine Tagestour mit einem Segelschiff. Die „Blaue Reise". Nun geht es aber endlich an den Strand. Die Sonne lacht vom Himmel, doch für einen Liegestuhl ohne Schatten lacht sie ein bisschen viel. Egal, die Wintermonate waren lang und grau, da kommt die Sonne gerade recht. Der Stress der Reise und die Müdigkeit sind noch nicht aus dem Körper. Neumann schließt die Augen, da lässt ihn schon das schrille Pfeifen einer Trillerpfeife hochfahren. Die Wassersportverkäufer gehen durch die Reihen der Liegestühle und rufen mit laut brätschenden Stimmen:

„Dawei, dawei, Kinder! Bananaboat, Parasailing!!!"
„Schatz, gehst du zur Poolbar und holst uns ein Bier",
versucht Frau Neumann ihren Mann von seinen
Mordgedanken abzulenken. Natürlich! Es ist ja Urlaub
und alles Inklusive. Neumann stiefelt los.
„Two Birra, Ok.!"
In den nächsten Tagen lernen die Neumanns, mit den
Widrigkeiten umzugehen. Sie finden heraus, wann die
Schlange vor dem Buffet am Kürzesten ist und um
welche Zeit man morgens mindestens aufstehen muss,
um einen Liegestuhl zu ergattern. Selbst das tägliche
Gewitter stört sie kaum noch.
Der Friede hätte perfekt sein können, wenn nicht Frau
Neumann darauf bestanden hätte, doch einmal Land
und Leute kennenzulernen. Dafür wären sie ja
schließlich hergekommen. Neumann sträubt sich.
„Ich habe keine Lust, mich mit Verkäufern
herumzuschlagen, die mir allen möglichen Mist
andrehen wollen."
„Ich muss hier mal aus dieser Anlage raus. Ich komme
mir vor wie ein Gefangener."
Sie einigen sich dann auf einen Spaziergang durch den
nahen Pinienwald. Da soll es einen schönen Weg zu
einem Wasserfall geben. Damit kann Neumann sich
anfreunden. Sie warten nur noch die letzten
Regentropfen des Gewitters ab und ziehen los. Bald
gelangen sie an ein Hinweisschild. Es steht alles Mögliche darauf, auf Türkisch natürlich, aber auch das
deutsche Wort „Wasserfall" und 200 Meter. Das konnte
nicht stimmen, denn andere Gäste berichteten, dass
der Wasserfall 12 Km weit in den Bergen liegt. Egal, sie
wollten ja nur ein Stück in den Wald hineingehen. Nach
einer Weile erreichen sie eine kleine Gartenwirtschaft.
Die Besitzer sitzen draußen und grüßen freundlich.
„Wollt ihr Wasserfall? Kommen erst was trinken!"

„Nein, wir wollen nur ein Stück in diese Richtung gehen." Frau Neumann möchte geradeaus weitergehen, da ruft der Besitzer:
„Nicht da! Da geht nicht weiter, wollen nicht doch was trinken?"
Neumann zeigt auf sein blaues Plastikband am Arm.
„Zu Hause trinken, all inklusive!"
Der Besitzer verzieht sein Gesicht: „All inklusive, ja, ja, ihr müsst rechts gehen, aber ihr kommt sowieso bald wieder."
Er spricht sehr gutes Deutsch und seine Freundlichkeit überzeugt. Neumanns gehen rechts. Der Weg führt über einen alten, gammeligen Fabrikhof, um dann schließlich an der Schnellstraße Richtung Kemer zu enden. Ratlos schauen sich Neumanns um. Kein Hinweisschild zeigt ihnen, wo es weitergehen könnte.
„Der Sack hat uns verarscht. Wir hätten doch geradeaus gehen müssen", knurrt Neumann böse. Sie kehren um. Bald sind sie wieder an der Gartenwirtschaft. Dort steht nun ein anderer Mann und blickt ihnen entgegen. Als Neumanns nun Anstalten machen, den anderen Weg zu gehen, schüttelt er nur mit dem Kopf.
„Da geht nicht weiter! Privat!"
Neumanns beschließen, ihren Spaziergang abzubrechen und zurückzugehen. Dazu müssen sie an der Gartenwirtschaft vorbei. Der Besitzer strahlt sie an.
„Ich habe euch doch gesagt, dass ihr schnell wiederkommt. Wenn ihr schon nicht trinken wollt, dann wenigstens kommen und gucken. Ich habe da ein kleines Geschäft. Alles sehr billig. Nur gucken!"
Neumanns sehen sich an. Na, gucken kostet ja nichts. Sie folgen dem Besitzer. Er führt sie in einen kleinen Raum, der mit Pullovern, Hemden und Sweatshirts überfrachtet ist.

„Alles Markenware. Adidas, Nike, Camel und so weiter.“
„Wir wollten dem Jungen doch sowieso ein Sweatshirt
mitbringen“, wirft Frau Neumann ein und so nimmt das
Schicksal seinen Lauf. Sie handeln und feilschen. Der
Besitzer verwirrt sie mit immer neuen Preisen. Wenn
das noch, dann der Preis und das noch dazu. Frau
Neumann platzt der Kragen:
„Ich kaufe hier kein Stück. Das ist mir alles zu teuer“,
fährt sie den Besitzer an.
„Ja, ja! Der Euro macht uns alle kaputt!“
Als die Neumanns hinausgehen wollen, macht er ihnen
dann ein letztes, sensationelles Angebot.
„Aber nicht weitersagen, sonst bin ich ruiniert“, strahlt
er. „Komme sie, Apfel Tee trinken.“
Das Geschäft ist gemacht und die Tüten mit den
Sweatshirts und T-Shirts gepackt. Vertraulich sitzen sie
nun zusammen und trinken Tee.
„Sag mal“, fragt Neumann, „wo geht es denn nun zu
dem Wasserfall?
Der Besitzer grinst. „Na, man muss über die
Schnellstraße weitergehen.“
„Und warum ist da kein Hinweisschild?“
Nun lacht der Besitzer verschmitzt. „Na, weil dann die
Leute dort nicht wieder umkehren und zu mir
zurückkommen.“
Später, auf dem Heimweg, nimmt Neumann seine Frau
in den Arm.
„Das war etwas zum Thema „Land und Leute“
kennenlernen. Ich glaube, wir sind die einzigen
Menschen, denen es gelingt, in den Wald zu gehen, um
dann mit vollen Plastiktüten wieder herauszukommen.“
Sie nickt und küsst ihn auf die Wange. „Ja, das kann
nur uns passieren.“
Die Tage vergehen mit all den beschriebenen
Widrigkeiten, doch sie können Neumanns nichts mehr

anhaben. Die gebuchte Tour mit dem Segelboot führt
an der malerischen Kulisse des Taurus Gebirges vorbei
in traumhafte Badebuchten. Sie können im kristallklaren
Wasser schwimmen und das Essen an Bord ist
vorzüglich. Dass sich dabei Frau Neumann an der
Bootsleiter, die ins Wasser führte, die Nase aufschlägt,
kann ihnen den Spaß an der „Blauen Reise" nicht
verderben.
Der letzte Tag ist da. Die Sonne geht hinter den Bergen
unter. Neumann und seine Frau liegen immer noch am
Strand zwischen wunderschönen Kieselsteinen.
Amüsiert schauen sie zu, wie die Eltern versuchen, ihre
heulenden Kinder aus dem Wasser zu bekommen.
„Weißt du was, Schatz? Ich freu' mich auf unser letztes
Abendessen hier."
Frau Neumann nickt, dann richtet sie sich auf.
„Was wirst du zu Hause sagen, wenn man dich fragt,
wie dir der Urlaub gefallen hat?"
„Es war eine „Blaue Reise"!"
„Komm, lass uns ein Bier trinken gehen!"
„Two Birra. Ok."

# Die Strafarbeit

Die vorige Geschichte hat, wie ich meine, sehr schön gezeigt, wie mein Freund Neumann mit auftretenden Schwierigkeiten umgeht. Er arrangiert sich und gewinnt den Problemen noch etwas Gutes ab. Diese Fähigkeit lässt ihn alle Lebenslagen unbeschadet überstehen. Vor allem aber gehört dazu eine große Portion Gelassenheit, die Dinge so hinzunehmen, wie sie geschehen.

Ich selbst kann dies nicht und fahre bei jeder widrigen Gelegenheit aus der Haut. Ich verfluche den hundertjährigen Autofahrer vor mir, der anscheinend Bremse und Gas verwechselt und vor jeder Ampel, wenn sie auf „Grün" schaltet, mehrere Minuten Bedenkzeit braucht, um loszufahren. Ich hasse die Klüngler vor Kassen oder an den Zapfsäulen der Tankstellen vor mir. Mit welcher Ruhe sie den ihnen nachfolgenden Stau in Kauf nehmen, bringt mich immer aus der Fassung.
Am meisten hat meine Frau darunter zu leiden, denn sie muss sich meine Schimpftiraden immer anhören. Sie sagt dann immer, dass ich intolerant wäre und entfacht damit immer die gleiche Diskussion. Was ist Toleranz und wer muss tolerant sein? Das Gleiche erlebt Neumann mit seinem hoffnungsvollen Nachwuchs.

*

Neumann ließ die Zeitung sinken und schaute mit einem schrägen Seitenblick zu seinem Sohn. Der stützte den Kopf, mit der linken Hand auf der Schreibplatte seines Tisches, schwer ab und starrte missmutig die Wand an.

„Na, Sohnemann, haben wir ein Problem oder ist nur dein Superhirn zu schwer", frotzelte Neumann und machte sich auf eine kräftige Reaktion von Sohnemann gefasst. Die blieb aber aus. Stattdessen starrte er weiterhin die Wand an. Neumann legte die Zeitung nun gänzlich zur Seite und stand auf.

„Nun mal im Ernst, Michael, kann ich dir irgendwie helfen?"

„Schön wär´s ja, Papa, aber ich glaube nicht", brummelte Sohnemann und beschäftigte sich weiter intensiv mit der weißen Wand.

„Lass es mich wenigstens versuchen", hielt Neumann dagegen.

„Also gut, du hast es so gewollt." In Sohnemanns lethargische Gestalt kam Bewegung. Er drehte mit seinem Stuhl herum und sah seinen Vater voll an.

„Ich habe eine Strafarbeit bekommen. Mindestens zwei DIN A4 Seiten soll ich schreiben."

Neumann zog erstaunt die Augenbrauen hoch. „Das ist eine recht ungewöhnliche Maßregelung für einen Schüler der Oberstufe. Was hast du verbrochen? Musst du etwa die Schulordnung des Gymnasiums abschreiben?"

„Sehr witzig, mein Thema heißt Toleranz!"

„Das ist doch mal ein vernünftiges Thema. Gerade in dieser Zeit, wo gegen alles Fremde Front gemacht wird, wo Ausländer gejagt werden, nur, weil sie anders sind als wir. Ihr jungen Leute solltet euch viel öfter damit auseinandersetzen."

„Wir jungen Leute, ja? Du müsstest einmal einen

Aufsatz über Vorurteile schreiben", brauste Sohnemann auf.

Neumann schluckte, ging aber über diese Respektlosigkeit hinweg.

„Du musst deinen Aufsatz zuerst strukturieren, Stichpunkte aufschreiben und Begriffe definieren. Was ist zum Beispiel Toleranz?"

„Schwäche", definierte Sohnemann verächtlich.

Neumann trieb diese Antwort die Nackenhaare in die Höhe.

„Du bezeichnest eine der wichtigsten und grundlegendsten Tugenden des Menschen als „Schwäche"? Toleranz heißt, deinen Nächsten so zu akzeptieren wie er ist und mag er noch so fremd und andersartig sein. Ohne Toleranz ist kein Miteinander möglich."

„Amen", spottete Sohnemann. „Du nervst mit deinem Gesülze. Wie sieht denn die Wirklichkeit aus? Es sitzt einer dieser „Andersartigen" in der Schule neben dir und stinkt aus allen Knopflöchern nach Knoblauch, dass es dir den Atem zum Stillstand bringt. Du sagst ihm, dass er sich verziehen und irgendwo anders stinken soll. Dann bist du intolerant und musst einen Aufsatz darüber schreiben."

Neumann zog wieder die Augenbrauen hoch.

„Ach, daher weht der Wind. Du hast mal wieder den Unterricht gestört. Vielleicht hilft dir diese Strafarbeit, darüber nachzudenken, wie man sich in der Gemeinschaft verhält."

„Du verstehst wieder einmal nichts", ereiferte sich Sohnemann. „Ich bin nicht der Täter, sondern fühle mich als Opfer. Sind nicht die intolerant, die ohne Rücksicht auf andere ihr „Anderssein" ausleben, und ist es nicht Schwäche, wenn man sie nicht in ihre Schranken weist?"

Neumann hüstelte verlegen.

„Nun ja, es mag ja sein, dass es auch bei der Toleranz gewisse Grenzen gibt. Die haben aber nur dann Gültigkeit, wenn dabei die persönlichen Rechte des Einzelnen berührt werden."

„Du weichst aus, Papa. Wer bestimmt diese Grenzen? Wann ist Schluss mit Toleranz? Wenn Staaten wie Amerika das Ziel terroristischer Anschläge werden? Wenn die Glatzköpfe mit ihren Springerstiefeln durch die Straßen marschieren und „Heil Hitler" grölen? Wenn besorgte Bürger gegen die Atomkraft protestieren und Castortransporte verhindern? Oder nur ganz einfach, wenn dein engster Arbeitskollege, so wie du einmal erzählt hast, dir ständig seinen Zigarettenrauch ins Gesicht bläst?"

„Rege dich wieder ab, Sohn. Es gibt Normen und Gesetze, die das Miteinander der Menschen regeln. Wenn diese Regeln übertreten werden, muss man das nicht tolerieren. Darum hat Toleranz auch keineswegs etwas mit Schwäche zu tun. Es kann nur der Starke etwas dulden, was er eigentlich nicht mag."

„Du flüchtest dich wieder in Phrasen. Sag mir nur ganz einfach, wer intolerant ist, der den Rauch ins Gesicht bekommt und sich das verbietet, oder der rücksichtslose Raucher? Derjenige, der nach Knoblauch stinkt, oder der den Gestank erdulden muss und dagegen protestiert?"

„Nun ja." Neumann kratzte sich verlegen sein schütteres Haar.

„Siehst du", ließ Sohnemann seinen Vater nicht ausreden. „Das Thema kann man nicht auf zwei DIN A4 Seiten erschöpfend behandeln. Darum habe ich beschlossen, diese Strafarbeit nicht zu schreiben."
Er schob bei diesen Worten Neumann einen vorbereiteten Zettel hin.

„Du brauchst nur noch dein  Einverständnis zu geben und hier unterschreiben.“
Neumann traute seinen Augen nicht.
„Du hast die ganze Diskussion nur angezettelt um dich vor der Strafarbeit zu drücken“, fragte er aufgebracht und seine Zornesadern an den Schläfen schwollen verdächtig an.
„Damit strapazierst du meine Toleranzgrenze aber ganz gewaltig. Du wirst nun all deine schlauen Thesen zu Papier bringen und solltest du dafür auch vier Seiten benötigen. Eher rührst du dich hier nicht vom Fleck. Dabei wirst du erkennen, dass zur Toleranz auch die Einsicht in eigenes Fehlverhalten zählt und man die Suppe auslöffeln muss, die man sich eingebrockt hat.“
Sohnemann schaute seinen Vater verwundert an und seufzte ergebend:

**„Toleranz ist ein weites Feld.“**

# Die Diät

Eines der Grundprobleme der Menschen ist die äußere Erscheinung. Es ist ein Phänomen, dass selbst Schönheitsköniginnen mit ihrem Aussehen nicht zufrieden sind. Wer hat noch nicht vor dem Spiegel gestanden und sich kritisch betrachtet. Eine gute Technik ist dabei, den Bauch einzuziehen und die Luft anzuhalten. Leider gelingt das nicht allzu lange und der alte, unzulängliche Zustand ist wieder da. Es hilft nichts, die Spuren von Wohlstand und Völlerei lassen sich eben nicht verwischen.

Dann gelangt man aber irgendwann an den Punkt, wo man sein Aussehen entweder akzeptiert und so weiter lebt wie bisher, oder sich vornimmt, etwas zu ändern. Man muss sich einfach bewusst machen, dass es an der Nahrungsaufnahme liegt, denn der Wind macht wohl rote Wangen, aber keine dicken Backen.

Dieser Punkt ist bei Männern und Frauen unterschiedlich. Männer neigen lange Zeit dazu, ihren Bauch zu tolerieren. Dies wird meist mit markigen Sprüchen begleitet, wie: „Der Bauch hat Geld gekostet", oder „Das ist der Kompressor für den Hammer".

Bei Frauen ist das anders. Man redet nicht darüber. Da tauchen allenfalls Begriffe wie „Vollschlank" auf. Dagegen werden Begriffe wie „mollig" oder gar „dick" als unverzeihliche Schimpfwörter gewertet.

Frauen kaufen auch permanent zu enge Kleidung, weil sie sich nicht eingestehen wollen, dass ihnen Größe 36 nur als 18-jährige gepasst hat.

Das größte Vergehen ist aber, wenn der Mann an der Figur seiner Frau herummäkelt und sei es noch so berechtigt. Das kann ernste Konsequenzen zur Folge haben. Wie nicht anders zu erwarten, gerät auch mein Freund Neumann in solche Schwierigkeiten.

Manchmal ist es nur ein schräger Blick, oder eine leicht dahin gesprochene, unbedachte Äußerung, die etwas in Bewegung setzt, was man nie gewollt hat.
Das Unheil nahm an einem Freitagabend seinen Lauf. Gut gelaunt und pfeifend kam Neumann aus dem Badezimmer, als er aus dem Schlafzimmer seine Frau rufen hörte: „Schatz, kommst du mal? Ich weiß nicht, was ich anziehen soll.“
Sein gut gelauntes Pfeifen verstummte. An der Tonlage der Stimme erkannte er, dass seine Frau wohl schon so einiges durchprobiert haben musste und zu keinem Ergebnis gekommen war. In solchen Fällen brauchte sie keine Beratung mehr, sondern jemanden, an dem sie ihren Frust auslassen konnte.
„Liebling, zieh doch irgendetwas an. Wir sind doch nicht beim Bundespräsidenten eingeladen“, rief Neumann vom Flur her ins Schlafzimmer und glaubte, damit davon zu kommen.
„Ach, ist dir egal, wie ich aussehe? Dann brauche ich ja gar nicht erst mit zu kommen“, fauchte sie zurück.
Neumann war nun genau in der Situation, die er hatte vermeiden wollen. Er trat ins Schlafzimmer. Frau Neumann hatte sich in ein Kleid gezwängt, dass sie schon ewig nicht mehr getragen hatte. Und nun machte Neumann den entscheidenden Fehler.
„Wie hast du das denn zugekriegt?“, fragte er süffisant und sein Gesicht verzog sich zu einem leichten

Grinsen.

Er hätte es wissen müssen, denn an diesem Kleid hing ihr ganzes Herz. Aber sie hatte auch schon unzählige Versuche, es anzuziehen, hinter sich, die alle kläglich gescheitert waren. Entsprechend war nun ihre Reaktion. Wütend ging sie auf ihn los.

„Du kannst heute alleine zu der Party gehen. Ich habe nichts anzuziehen. Außerdem brauche ich mir von dir nicht vorwerfen zu lassen, ich wäre zu dick.“

„Aber Schatz, das habe ich doch mit keinem Wort behauptet“, versuchte Neumann die Situation zu retten.

„Du hast es aber gedacht“, beharrte sie ärgerlich.

„Schau dich lieber selbst an! Kannst du überhaupt noch deine Fußspitzen sehen?“, ging sie nun zum Angriff über.

Beleidigt schielte Neumann zu seinen Zehen. „Ich habe immer noch die gleiche Hosenbundweite wie vor 10 Jahren“, knurrte er, denn die Wendung des Streites gefiel ihm nicht.

Frau Neumann lachte höhnisch auf. „Ja, sicher, aber sie sitzt nun eine Handbreit tiefer als vorher!“

Zack, das saß! Neumann war nun vollends beleidigt.

„Wenn ich will, ist mein Bauch in vier Wochen verschwunden und alle meine Hosen passen über dem Bauchnabel. Abnehmen ist nämlich ganz einfach. Man muss nur den Willen haben!“

Frau Neumann blickte ihren Mann ungläubig an. „Das würde ich gerne sehen, wenn das so einfach ist.“

Der Zweifel seiner Frau stachelte Neumann nun nur noch mehr an.

„Das traust du mir nicht zu? Ich werde es dir beweisen. Heute in vier Wochen werden wir hier an der gleichen Stelle vor dem Spiegel stehen. Da werden dir vor Staunen die Augen aus dem Kopf fallen, denn dann werde ich für diese Hose hier einen Gürtel brauchen.“

Dabei hielt er ihr seine recht enge Jeans unter die Nase.

Frau Neumann winkte ab. „Das schaffst du nie. Doch jetzt hilf mir erst einmal aus dem Kleid. Ich ziehe doch etwas anderes an."

Neumann tat sich absichtlich schwer mit dem Öffnen des Reißverschlusses und sie verstand diese Geste sehr gut.

Die Geburtstagsparty verlief wie immer mit viel essen und noch mehr trinken. Doch so ganz genießen konnte es Neumann anfangs nicht, denn im Kopf hatte er schon mit seiner Diät begonnen. Später, nachdem er reichlich gegessen hatte und ein unangenehmes Völlegefühl mit etlichen Schnäpsen beseitigt werden musste, freute er sich nahezu euphorisch auf die anstehende Fastenzeit. Nun bereute er auch nicht mehr, dass er sich zu diesem Vorsatz von seiner Frau hatte provozieren lassen.

Am nächsten Tag war das Fasten immer noch einfach. Neumann hatte einen gehörigen Brummschädel und sein Magen schien direkt unter seinem Kehlkopf zu sitzen. Als seine Frau ihn fragte, ob er etwas essen wollte, lehnte er leichten Herzens ab. Er hätte ohnehin keinen Bissen herunter bekommen.

„Komm, lass den Quatsch! Du hast das doch gestern nicht wirklich ernst gemeint?"

„Natürlich, was glaubst du denn",  entrüstete sich Neumann.

„Na gut, wie du willst. Dann brauche ich mich ja um deine Nahrungsaufnahme nicht mehr zu kümmern", antwortete sie spitz und ging in die Küche.

Am nächsten Tag war der Brummschädel verschwunden und der Magen saß auch nicht mehr unter dem Kehlkopf. Viel mehr hing er jetzt ganz tief. Nach der schwarzen Tasse Kaffee und der Flasche

Mineralwasser fragte der laut knurrend: „Was ist, war das alles?"

Neumann überhörte mannhaft die Proteste seines Magens. Es gab nichts mehr.

Frau Neumann versuchte ein letztes Mal, ihn umzustimmen, aber er lehnte standhaft ab. Daraufhin verschwand sie in die Küche und bald gewahrte Neumanns feine Nase Bratengeruch. Nach intensivem Schnuppern tippte er auf Hähnchenbrustfilet.

Um sich abzulenken, schaltete er das Fernsehgerät an. Zu seinem Missvergnügen lief überall, wohin er auch schaltete, Werbung. Das Maggi Kochstudio präsentierte die Zubereitung eines Jägertopfes. Neumanns Magen knurrte laut dazu und er versuchte, ihn mit einem Schluck Mineralwasser zu beruhigen. Es war eher das Gegenteil der Fall. Die Werbung nahm nun Fahrt auf. Von Eiscreme bis zur Steinofenpizza wurde ihm in schneller Reihenfolge suggeriert, was man alles essen konnte oder sollte. „Naschen erlaubt" und „ich will so bleiben, wie ich bin."

Neumanns Nerven vibrierten, doch er blieb stark. Auch noch, als seine liebe Ehefrau, nach Hähnchenbrust duftend, wieder aus der Küche zurückkam. Er blieb auch noch am 3. Tag standhaft. Die Waage zeigte erstaunliche 2 kg weniger an. Das motivierte ihn ungemein. Er würde es seiner Frau schon zeigen. Er mied nach wie vor die Küche und den Kühlschrank. Seine Frau hingegen zeigte in der Küche ungewöhnliche Betriebsamkeit. Mal roch es nach Fisch, dann wieder nach Steak, oder sie schleppte alles mögliche Grünzeug heran. Neumann verlor darüber kein Wort. Irgendwie war es, als wären sie in einen stummen Wettstreit getreten.

Die nächsten Tage verliefen für Neumann qualvoll. Der Hunger wurde übermächtig. Das Verlangen, ein schönes kühles Glas Bier zu trinken, ließ es wie eine Fata Morgana vor ihm erscheinen. Erschwerend hinzu kam noch, dass sich die Waage keinen Strich mehr bewegte. Er fragte sich mürrisch, ob sie wohl defekt sei und untersuchte sie eingehend. Leider war dies aber nicht der Fall.

Als sich dann aber nach zwei weiteren Tagen mit Kaffee und Mineralwasser die Anzeige der Waage sogar wieder zwei Striche nach oben bewegte, bekam er fast einen Tobsuchtsanfall.

Einen endgültigen Schwächeanfall löste aber das Rinderfilet mit grünem Salat und Folienkartoffel aus. Das Fleisch brutzelte auf dem Tischgrill in der Küche und verbreitete einen infernalischen Duft, der Neumanns Stolz und Willen in sich zusammenfallen ließ, wie ein Kartenhaus. Leise öffnete er die Küchentür.

„Ich gebe mich geschlagen, Schatz. Hiermit verkünde ich in aller Form. Abnehmen ist nicht einfach! Hast du etwas zu Essen für mich?“

Frau Neumann drehte sich zu ihm um und lachte.

„Nein, Liebling, du hast völlig recht gehabt. Abnehmen ist ganz einfach. Man muss nur das Richtige in der richtigen Menge essen. Ich habe in der Zeit, in der du dich gequält hast, mit einer Diät begonnen. Damit habe ich jetzt schon 3 kg runter und nicht eine Minute gehungert. Sie zeigte nun lachend auf den Grill. Weil ich dich kenne, habe ich schon zwei Steaks draufgelegt und die Diät ziehen wir ab heute gemeinsam durch.“

Scherzhaft gab er ihr einen Klaps auf den Po und maulte: „Du bist mir manchmal unheimlich.“

*

# Wie Hund und Papagei

Ein unbedachtes Wort zur falschen Zeit kann, wie wir gerade gesehen haben, eine Kette unglücklicher Reaktionen hervorrufen. Das gilt für den privaten, aber natürlich auch für den öffentlichen und insbesondere für den beruflichen Bereich. Klar ist, dass ein Mensch wie Neumann gerade hier seine Schwierigkeiten hat. Nicht, dass es etwas an seiner Leistung zu mäkeln gäbe, aber seine, sagen wir mal, eigene Sichtweise der Dinge gestaltet das Verhältnis zu seinem Vorgesetzten doch schwierig. Die folgende Begebenheit ist öffentlich und hat etwas mit dem Verhältnis zu seinem Chef zu tun. Diesmal erzählt Neumann seine Geschichte selbst und wir können sehen, wie er Opfer eines Missverständnisses wird.

„Kommen Sie, lassen Sie es raus! Sie sehen unglücklich aus. Reden Sie sich den Frust von der Seele! Ich habe gerade Zeit und höre Ihnen gerne zu", forderte der Mann neben ihm, an der Theke seiner Stammkneipe, Neumann auf.
Der winkte ab: „Sie sind wohl nicht so oft hier, was? Ich kenne Sie nicht. Warum sollte Sie das interessieren?"
„Oh, ich höre gerne anderen zu. Lassen Sie hören! Vielleicht kann ich Ihnen ja einen Rat geben", wandte sich der Mann, nun neugierig geworden, Neumann zu.
Der kippte sich den gerade nachgefüllten Doppelkorn

hinein und seufzte: „Na gut, wenn Sie es unbedingt hören wollen!
Vor zwei Wochen kam mein Chef in mein Büro.
„Neumann, Sie wissen, dass ich Ihre Arbeit, äh, sehr schätze. Auf Sie kann man sich verlassen. Darum ist es auch so problematisch, dass Sie zur gleichen Zeit wie ich Urlaub haben wollen."
Bei mir gingen alle Alarmglocken an. Bis zu diesem Zeitpunkt waren wir eher wie Hund und Katze. Ich mag keine Menschen, die, bei relativer Ahnungslosigkeit, keinen Respekt vor der Leistung anderer haben.
Unsere gegenseitige Abneigung bestand vom ersten Moment an, den wir miteinander arbeiten mussten. Diese Aussage von ihm traf mich daher sehr unvorbereitet.
„Ich habe, äh, meiner Frau von Ihnen erzählt und sie meint, Sie wären genau der Richtige dafür."
„Für was?", fragte ich ihn, nun schon leicht genervt. Unbeirrt fuhr der Chef fort:
„Sie wissen doch, dass ich für zwei Wochen mit meiner Frau in die USA fliege. Da darf man keine Tiere mitnehmen."
Als er dies erwähnte, blickte er wie gelangweilt auf seine Fingernägel. Die Alarmglocken in meinen Ohren wurden zu Luftschutzsirenen. Wie alle in der Belegschaft wussten, hatte der Chef einen Papagei, den er abgöttisch liebte. Es verging kein Tag, an dem er nicht von der Redegewandtheit des Vogels berichtete und erklärte: „Man muss sich nur mit ihm beschäftigen und die Worte immer wieder vorsagen. Zum Beispiel „Ich bin wieder da, mein Schatz", oder „Cora ist lieb". Dann spricht er es deutlich nach."
Nachdem er nun ausgiebig seine Fingernägel betrachtet hatte, ließ er es raus:
„Würden Sie unsere Cora für die Zeit in Pflege

nehmen? Ihr Urlaubsschein liegt auch schon unterschrieben auf meinem Schreibtisch", überrumpelte er mich nun und es klang nicht wie eine Bitte.

„Ich habe alles versucht, unseren Liebling bei Verwandten unterzubringen", er machte eine abwertende Handbewegung und stieß verächtlich „Verwandtschaft" heraus.

„Aber ich habe einen Hund! Vielleicht vertragen die sich nicht!", versuchte ich lahm, das Ungemach abzuwenden.

„Ich würde es Ihnen hoch anrechnen", ließ mein Chef das nicht gelten. Aus dieser Nummer kam ich nicht mehr heraus. Wenigstens bekam ich für die Betreuung meinen Urlaub.

Unser Hund Lobo, eine Mischung aus Münsterländer und Deutschen Drahthaar, ist zwar ein Jagdhund, aber sonst gutmütig und die Langmut in Person. Auf unseren Spaziergängen geht er jedem Streit aus dem Weg, wenn nicht gerade Katzen oder Kaninchen seinen Weg kreuzen. Sonst nimmt er andere Lebewesen als mich überhaupt nicht wahr.

Nun, bei unserem Familienzuwachs auf Zeit verhielt es sich zuerst nicht anders. So lange Cora in seinem Käfig blieb, strafte ihn Lobo mit Missachtung. Leider war Cora aber ein „Stinker". Was uns sein sauberes Herrchen nicht mitgeteilt hatte war, dass Cora-Liebling nicht im Käfig bleiben wollte. Kaum hatte ich die Käfigtür hinter ihm zugemacht, sackte er zusammen und spielte den sterbenden Schwan. Es konnte allen und jedem etwas passieren, nur diesem Vogel durfte nichts geschehen. Das hätte, darüber war ich mir voll im Klaren, meinen Job gekostet. Also ließ ich ihn herumfliegen. Das begeisterte den Vogel so, dass er ohne Unterlass plapperte. „Cora ist lieb", „Cora ist lieb", „ich bin wieder da, mein Schatz", „Liebling, Liebling".

Lobo sah die neue Entwicklung zunächst gelassen. Er öffnete allenfalls ein Auge, oder ließ ein gelangweiltes „Wuff" hören, wenn Cora zu, immer kecker werdenden, Tiefflügen ansetzte.

Das schien den Papagei aber so zu reizen, dass er nun auf dem Kopf des Hundes landete, sich dort festkrallte und ihn mit seinem Schnabel bearbeitete. Erschreckt sprang Lobo auf und schüttelte Cora ab. Dies wiederholte sich so oft, dass ich einschreiben musste. Ich griff zu und hielt wütend den Friedenstörer vor mein Gesicht. „Du bist ein Arschloch", brüllte ich ihn an und steckte ihn in seinen Käfig.

Der Frieden war wieder hergestellt, doch nur für kurze Zeit. Cora protestierte gegen seine „Gefangenschaft", indem er sich auf den Boden des Käfigs auf die Seite legte und einen Flügel nach oben stehen ließ.

„Du bist ein Arschloch", knurrte ich nun ergeben und ließ ihn wieder frei.

Eine Zeitlang blieb alles ruhig. Cora beschäftigte sich mit der Gardinenstange und der Tapete, die er genüsslich abriss. Nur Lobo gefiel mir nicht. Er hatte seine Langeweile abgelegt und verfolgte misstrauisch jede Bewegung des Vogels.

Ich war gerade im Nebenzimmer, als ich krächzendes Gekreische und ein schmatzendes „Happ" hörte. Dann war Stille. Entsetzt eilte ich ins Zimmer. Lobo stand wie eine, aus Stein gemeißelte Statue in der Mitte des Zimmers und blickte stur geradeaus.

Ich geriet in Panik. Der Hund hatte doch nicht……?

„Lobo aus! Komm, spuck es aus!", schrie ich außer mir. Doch der tat so, als interessiere ihn das alles nicht. Der Schweiß trat mir plötzlich aus allen Poren und lief den Rücken rauf, statt runter. Fieberhaft suchte ich nach einem Leckerchen und hielt es Lobo vor die Nase. Das zog! Er öffnete sein respektables Maul und Cora kam zum Vorschein. Völlig zerfleddert ließ Lobo ihn auf den Boden fallen, um das Leckerchen in Empfang zu nehmen. Gott sei Dank lebte der Vogel noch, wenn auch in einem erbarmungswürdigen Zustand. „Böser Hund!", schimpfte ich und Lobo verzog sich beleidigt in sein Körbchen.

Das war vor drei Tagen. Ich brauchte eine ganze Weile der Pflege, bis ich Cora wieder in dem Zustand hatte, dass man ihm die erlittene Tortur äußerlich nicht mehr ansah. Doch der Vogel hatte wohl einen Schock davongetragen. Er sprach nicht mehr, nicht mal ein Krächzen kam aus seinem Schnabel. Auch blieb er von nun an ohne Protest in seinem Käfig. „Besser so", dachte ich noch belustigt, „dann kann er wenigstens nichts erzählen!"

Als heute Morgen mein Chef seine Cora abholte, war er glücklich, seinen Liebling wieder zu sehen. „Ist alles gut gegangen? Na, sicher, Cora ist doch lieb", ließ er mich nicht zu Wort kommen und tätschelte seinen Papagei. Cora starrte sein Herrchen nur stumm an. Mein Chef ließ ihn auf seine Hand fliegen.

„Komm, sag „Cora ist lieb" sag, „ich bin wieder da, mein Schatz".

Cora richtete sich auf und flatterte mit den Flügeln. Laut krächzend rief sie: „Du bist ein Arschloch, du bist ein Arschloch."

Ich wäre fast im Erdboden versunken und hielt die Luft an. Mein Chef schnappte sich entrüstet den Vogel und stürmte hinaus. Draußen an der Tür drohte er: „Darüber reden wir noch, Neumann!"

Der Mann an der Theke hatte Neumanns Erzählung mit Vergnügen verfolgt. „Da kann ich Ihnen keinen Rat geben", prustete er und plötzlich hatte er es sehr eilig. Er bezahlte und verschwand.

„Wer war das eigentlich?", fragte Neumann den Wirt,

der natürlich alles mit angehört hatte.
„Ach, der kommt selten her", grinste er. „Es ist der Lokalredakteur von der Zeitung."
Als Neumann am nächsten Morgen den Lokalteil der Zeitung aufschlug, leuchtete ihm eine dicke Überschrift entgegen:

**„Wie Hund und Papagei"**

Von nun an flüsterten die Leute mit vorgehaltener Hand und lachten, wenn er vorüberging. Manchmal meinte er auch ein krächzendes „Arschloch" zu hören.

# Traumtanz

Eines der großen Rätsel der Menschheit ist die menschliche Seele, oder nennen wir es Bewusstsein. Ganze Wissenschaften sind unermüdlich damit beschäftigt zu ergründen, woher wir kommen, wer wir sind und was der Sinn unseres Lebens ist. Dies geschieht nur, weil wir als einziges Wesen auf dieser Welt wissen, dass unsere Zeit, unser Leben, mit Sicherheit irgendwann endet. Um dieses Wissen herum haben wir uns eine Mauer gebaut, die ängstliche Gedanken an unser Ende verdrängt. Man geht mit der Zeit um, als wäre sie unendlich. Für uns Menschen gilt der Spruch: Das einzige, was uns Menschen nur begrenzt zur Verfügung steht, ist die Zeit und die versuchen wir ständig mit unnützen Dingen totzuschlagen. Der Traum vom ewigen Leben geistert durch alle Religionen und Kulturen. Auch unser Freund Neumann hat so einen Traum. Doch bevor ich diesen erzähle, möchte ich von meinen eigenen Erfahrungen mit Träumen berichten und so den Vorgang des Träumens erklären.

Müde ziehe ich mir das Oberbett hoch bis zur Nasenspitze und mein Kopf wühlt sich tief in das weiche Kissen. Der Tag war hart und der Schlaf greift mit aller Macht nach mir, um Gedanken und Bewusstsein verlöschen zu lassen.
„Es" liegt schon auf der Lauer, spürt schon, wie die Fesseln sich lösen. Sorgsam und vorsichtig überprüft

„Es" die Körperfunktionen. Gibt es an irgendeiner Stelle Schmerzen, die vielleicht Ursache sein könnten, dass die Zone des Schlafes nicht erreicht wird, in der sich meine Fesseln gänzlich lösen? Noch einmal auf die andere Seite legen vielleicht? Der Herzschlag muss heruntergeregelt werden. Ach, was kümmert es mich noch? Das regelt von nun an die Unterabteilung von mir.

„Es" agiert noch vorsichtig, traut sich noch nicht, davonzufliegen, denn wenn man zu früh zurückgeholt wird, weil man es am Anfang zu Bunt treibt, ist die Chance für diese Nacht vertan.

Da kommt das Signal von der Unterabteilung „Traumzone"!

„Es" wirbelt hoch, mit irrsinnigem Schwung in die Unendlichkeit.

„Frei! Endlich frei, losgelöst von allen Zwängen der bewussten Vernunft."

„Es" bricht die rasante Flucht ab und kehrt in schwungvoll kreisenden Kurven zurück, denn zu weit darf „Es" sich noch nicht entfernen. Vor den vielen kleinen Schubladen des Bewusstseins macht „Es" halt. Hier ist alles fein säuberlich abgelegt, getrennt nach Gefühlen wie Liebe, Hass, Neid, Angst, Mut, Freude und Trauer. Die Erfahrungen, Erinnerungen und vor allem die Wünsche und Sehnsüchte sind in besonders großen Schubladen aufbewahrt.

„Es" entschließt sich, die Reise langsam zu beginnen, denn die Nacht wird noch die Gelegenheit bieten, einige von diesen Schubladen aufzuziehen, um mit dem Inhalt einen irrwitzigen Tanz zu beginnen. Vorsichtig zieht „Es" die Lade der guten Erinnerungen auf, holt einen Fetzen davon heraus und lässt ihn wieder auferstehen, aber nicht ohne einiges davon bis ins Absurde zu verändern:

Mutter steht am geöffneten Fenster unserer kleinen
Parterrewohnung und winkt mir zu. „Komm Junge, ich
habe dir Margarineschnitten mit Zucker gemacht."
Ich lasse alles stehen und liegen, denn ich habe
Heißhunger auf Margarineschnitten mit Zucker, und
renne zur Haustür. Sie lässt sich nur schwer öffnen,
denn ich bin klein und schwach. Ich werfe mich mit aller
Macht dagegen und kann sie einen Spalt breit öffnen.
Fassungslos bleibe ich im Hausflur stehen. Die Treppe
scheint bis in den Himmel zu reichen. „Mama?" „Hier
oben bin ich!"
Ich beginne, die Stufen hinaufzurennen. Früher waren
es doch immer nur 4 Stufen. Nun scheinen sie endlos
zu sein. Ich werde unruhig.
Die Unterabteilung warnt. „Übertreibe es nicht am
Anfang, sonst musst du gleich zurückkommen."
Blitzschnell schlägt „Es" die Erinnerungsschublade zu,
schießt hinaus ins Nichts, wie eine verglühende
Sternschnuppe, um sich dann wieder in großen
kreisenden Bewegungen vor den Schubladen des
Bewusstseins einzufinden. Hier beginnt der
ausgelassene Tanz von Neuem. Es ist so herrlich, frei
und ungebunden mit den Sachen zu spielen, die „Es"
tagsüber als Bewusstsein gespeichert hat.
„Wie wär's mit ein bisschen Wunschtraum vielleicht?"
„Es" hat Mühe, die große Lade zu öffnen, denn sie ist
so voll, dass sie überquillt und klemmt. Der große und
übermächtigste Wunsch macht sich auf und davon.


Ich sehe meinen Namen in großen Lettern über dem
Eingang prangen. Jubelnde Menschen versuchen, mich
mit ihren Fingern zu berühren, doch sie erreichen mich
nicht. Ich muss zur Lesung. Nur mit Mühe gelange ich
zu dem Seiteneingang für Künstler und Lieferanten.
Hinter der Tür beginnt ein langer, dunkler Gang. Ich

öffne einige Türen, doch dahinter ist nichts. Plötzlich hebt sich ein Vorhang und ich stehe auf der Bühne. Rauschender Beifall empfängt mich. Ich gehe zu dem Rednerpult und schlage mein Buch auf, aus dem ich lesen soll. Mit Schrecken starre ich auf die Seiten, denn sie sind völlig leer. Weiße Seiten blicken mich höhnisch an. Ich versuche, etwas zu sagen, doch kein Ton kommt über meine Lippen. Das Publikum pfeift und wendet sich den Ausgängen zu.

Die Unterabteilung schlägt Alarm: „Sofort zurückkehren! Die Traumzone wird verlassen!"
„Es" vergisst in der Eile, die Wunschschublade zu schließen und die Erinnerung zu löschen und begibt sich schnellstens zurück in die Fesseln des Bewusstseins.

Ich werfe mich herum und blicke zur Uhr. Es ist erst 1.30 Uhr, was für eine Nacht. „Was träume ich nur für ein wirres Zeug?" Ich nehme wieder meine Schlafstellung ein und fühle wohlig, wie der Schlaf wieder nach mir greift.
Die Unterabteilung meldet wieder „Traumzone". „Es" löst sich nun ganz langsam und widersteht auch der Versuchung, den immer noch umherschwirrenden Wunschtraum zu verändern.

Ich sitze in einer großen Buchhandlung und signiere meine Bücher. Die Menschenschlange ist lang und ich schreibe unzählige Male meinen Namen. Ich werde Müde dabei und lasse den Federhalter sinken.

„Es" schiebt behutsam die Wunschschublade zu.
Die Unterabteilung signalisiert „Tiefschlaf". Das gibt „Es" die Gelegenheit, den „kleinen Tod" nutzend, sich

auf den Weg zu machen, hinaus über die Grenze, die Bewusstsein, Vernunft und Verstand nie bezwingen könnten. Dorthin, wo Ursprung und Ende allen Seins ist. Dann sendet die Unterabteilung wieder Signale aus. Bald wird der Tiefschlaf beendet sein. Die innere Uhr beginnt zu ticken und das Bewusstsein muss zur Stelle sein, wenn die Wachphase beginnt.

„Es" kommt in rasantem Sturzflug zurück, hält vor den Schubladen des Bewusstseins noch einmal inne und kann es sich nicht verkneifen, noch einmal eine der Behältnisse kurz zu öffnen. „Unverarbeitete Probleme" steht darauf.

Ich stehe meinem Chef gegenüber. Seine Vorwürfe sind absurd. Ich balle die Fäuste in der Tasche und es bricht aus mir heraus. Alles, was sich seit Langem in mir aufgestaut hat, werfe ich ihm an den Kopf.

„Wir erreichen gleich die Wachphase", warnt die Unterabteilung dringend.
„Es" löscht die Erinnerung für die Nacht und lässt nur die Fetzen der Problemschublade stehen. Nur widerwillig kehrt „Es" ins Bewusstsein zurück. Eines Tages wird „Es" nicht mehr zurückkehren müssen. Dann wird sich die Unterabteilung nicht mehr melden und „Es" wird sich dorthin zurückziehen, wo Ursprung und Ende allen Seins ist.
Doch dies hat noch Zeit. Bis dahin werden die nächtlichen Ausflüge von „Es" den Weg in die Ewigkeit offen halten.

Ich lasse mit einer fahrigen Handbewegung den penetranten Ton des Weckers verstummen. Nur langsam werde ich wach. „Was habe ich eigentlich geträumt?" Noch im Halbschlaf muss ich grinsen.

Endlich habe ich meinem Chef die Meinung gesagt.
Das erzeugt in mir ein gutes Gefühl. Mit einem Satz bin
ich aus dem Bett.
Der Tag kann kommen.

# Diabolo und Angelo

Ich denke, nun versteht man auch folgende Geschichte von Neumann, die ihn um eine Erfahrung reicher macht.

Neumann blickte mit kritischem Blick in den Spiegel. Dabei wendete er den Kopf einmal nach rechts und dann nach links, um mit schrägen Augen sein Profil zu begutachten. Missmutig schüttelte er den Kopf und beugte sich vor. Sein Spiegelbild kam nun bedenklich nahe und offenbarte die Linien und Furchen, die das Leben und die Zeit in sein Gesicht gegraben hatten. Entsetzt fuhr er zurück.
„Ich werde alt", dachte er. Um den Gedanken zu verscheuchen, versuchte er vor dem Spiegel einige Freiübungen zu machen, die beweisen sollten, dass er noch intakt war, nicht hinfällig und greisenhaft. Das Knacken in seinen Gelenken und der Schmerz in den Knien bei den Kniebeugen brachten seine trüben Gedanken zurück.
„Verdammt, wo ist nur die Zeit geblieben, all die viele Zeit, die ich bisher gelebt habe? Ich habe nichts davon festhalten können. Mein Leben ist mir wie feiner Sand durch die Finger geglitten. Und nun, was bleibt mir noch?" Wieder blickte Neumann in den Spiegel und begutachtete trübsinnig die grauen Haare an den Schläfen und über den Ohren.
„Man müsste die Zeit anhalten können", sinnierte er. „Jetzt geht es mir noch gut. Ich bin noch gesund. Was

wird aber in ein paar Jahren sein, wenn die Zeit mich langsam aber sicher umbringen wird?"

Neumanns dunkle Gedanken wurden plötzlich jäh unterbrochen, denn sein Blick in den Spiegel zeigte plötzlich nichts mehr. Sein Spiegelbild war verschwunden, so als wäre dichter Nebel aufgezogen. Verwundert wischte er mit dem Ärmel darüber, um ihn wieder klar zu bekommen, doch der Nebel blieb. Kopfschüttelnd wollte sich Neumann schon abwenden, als aus dem milchig Grau des Spiegels ein Gesicht erschien. Neumann riss die Augen auf. Das Gesicht zeigte ihn in jungen Jahren, mit dem Unterschied, dass er nie dunkelhäutig und auch zu keiner Zeit in seinem Leben schwarzes Haar auf seinem Kopf gewachsen war.

„Was geht hier vor?", fragte er erschrocken.

„Du hast mich gerufen? Ich soll für dich die Zeit anhalten?"

Neumann drückte beide Hände an die Schläfen und rieb sich die Augen, doch das Gesicht verschwand nicht von dem Spiegel.

„Wer bist du?"

Das Gesicht lachte spöttisch auf.

„Tu nicht so, als würdest du mich nicht kennen. Ich begleite dich bereits dein Leben lang. Ich bin deine dunkle Seite. Nenne mich meinetwegen Diabolo."

„Meine dunkle Seite?", echote Neumann verblüfft. „Was willst du von mir?"

Wieder lachte Diabolo auf. „Ich kann die Zeit für dich anhalten. Stell dir vor, du wirst nicht älter. Du bleibst so, wie du bist. Du kannst dein Leben in vollen Zügen genießen, keine Gebrechen, keine Alterskrankheiten werden dir widerfahren."

Neumann trat nun, neugierig geworden, etwas näher an den Spiegel heran. „Du könntest wirklich die Zeit für

mich anhalten? Warum willst du das für mich tun?"
Noch während er dies fragte, schoss ihm schon die
Antwort durch den Kopf.
„Nein, nein, die Story kenne ich schon. Du willst dafür
meine Seele!"
Diabolo lachte nun noch schriller auf als zuvor.
„Die Seele, mein Freund, ist eine Erfindung der
Menschen. Davon könnte ich nicht leben!"
Auf dem Spiegel bewegte sich nun etwas. Auf der
rechten Seite tauchte aus dem Nebel ein altes, gütiges
Gesicht mit leuchtend weißen Haaren auf. Auch darin
erkannte sich Neumann wieder. Er wunderte sich nun
schon über nichts mehr.
„Du bist sicher meine gute Seite und so sehe ich sicher
aus, wenn ich 80 Jahre alt bin."
Das Gesicht lächelte nachsichtig. „Ich bin Angelo, das
Gute in dir. Ich möchte dich warnen. Höre nicht auf
diesen dunklen Burschen. Er braucht dich, um
existieren zu können. Wenn man die Zeit anhält,
handelt man gegen die Natur. Das ist nicht die Lösung
deines Problems. Es wird dich nicht glücklich machen.
Lebe lieber jeden Augenblick ganz bewusst und nutze
die Zeit, die dir bleibt, richtig. Du darfst sie nicht als
deinen Feind, sondern als deinen Freund sehen, als
etwas, was zu dir gehört."
Angelo verschwand und Diabolo tauchte grinsend mit
einem Maßband auf. Es zeigte von der ursprünglichen
Länge von 100 cm nur noch 20 cm an.
„Sieh her, du Trottel! So viel ist nur noch übrig und es
wird gewiss nicht die beste Zeit in deinem Leben sein.
Also, was gibt es da noch zu überlegen? Räume mir
jetzt den Platz in deinem Ich ein, den du nie bereit
warst, mir zu geben und die Zeit wird für dich nicht
vergehen."
Angelo erschien wieder mit besorgtem Gesicht.

„Höre nicht auf ihn, jage ihn fort und verbanne ihn aus deinen Gedanken. Er wird Besitz von dir ergreifen und du wirst nicht mehr Du sein."

Diabolo drängte Angelo in den Hintergrund.

„Was hat es dir denn eingebracht, dass du dein ganzes Leben mehr auf ihn gehört hast? Du bist immer noch ein armer, unbedeutender Schlucker. Sieh dich doch um in der Welt. Meinst du, dass die Mächtigen und Reichen, die bestimmen, was in der Welt geschieht, nur auf ihrem Angelo gehört haben? Nein, sie sind zu dem geworden, was sie sind, weil sie ihrer dunklen Seite vertraut haben. Entscheide dich nun. Noch ist es für dich nicht zu spät."

Neumann atmete tief durch.

„Du hast recht, es hat mir nichts eingebracht. So sei es denn, halte für mich die Zeit an, denn ich will noch leben und zwar in vollen Zügen."

„Du Narr!" Angelos zorniges Gesicht füllte nun den ganzen Spiegel aus.

„Weißt du, was du damit verspielt hast? Du hast das Wertvollste, was du besessen hast, verloren. Etwas, was wirklich zeitlos ist und nie altert oder vergeht, nämlich die Liebe. Ich kann dir nun nicht mehr helfen, aber ich werde dir zeigen, was dich erwartet. Sieh auf deine Uhr."

Neumann schaute auf seine Armbanduhr. Der Zeiger bewegte sich nicht mehr. Sie war stehen geblieben.

Wie im Zeitraffer sah er nun sein zukünftiges Leben vor sich. Er wurde bekannt und reich und eine Party jagte die andere, doch er hatte keine richtigen Freunde mehr. Die wurden ja älter, waren mit seiner Lebensweise nicht einverstanden und wandten sich von ihm ab. Er trennte sich von seiner Frau, weil sie alt und gebrechlich wurde und sah seine Kinder sterben. Voller Pein schrie er auf.

„Nein, so habe ich das nicht gewollt."

Plötzlich zerplatzte das Bild vor seinen Augen. Das Erste, was er wieder sah, war das warme Flackern einer Kerze auf einem roten Stoffherzen.
„Wach endlich auf, du Langschläfer, damit ich dir zum Geburtstag gratulieren kann", flüsterte Neumanns Frau liebevoll. „Happy birthday to you", sang sie und fügte hinzu: „Alles Gute zu deinem 60. Geburtstag. Siehst du, es hat ja gar nicht wehgetan. Denke immer daran, es ist nur eine Zahl, denn du wirst zwar älter, aber nie alt." Neumann richtete sich auf und sein erster Blick galt seiner Armbanduhr. „Sie bewegt sich ja doch", jubelte er. Freudestrahlend nahm er seine Frau in die Arme. „Ja, ich werde älter und das ist gut so."

# Erinnerungen an Weihnachten

Wenn man von der Zeit spricht, dann meint man häufig auch eine ganz bestimmte Zeit. Es gibt die Sommerzeit, Urlaubszeit, Winterzeit und eine ganz Besondere, die Weihnachtszeit. Sie nimmt in diesem Buch einen besonderen Raum ein. Da mag man religiös sein oder nicht, die Weihnachtszeit zaubert in uns immer eine eigenartig, romantische Stimmung. Wir schmücken unser Haus und öffnen unsere Herzen. Wir geben Geld für unnütze Geschenke aus, nur weil es so Brauch ist und nehmen dafür die Hetze und den Stress in Kauf. Weihnachten hat sich aber im Laufe der Zeit verändert und das spiegelt sich in meinen eigenen Erinnerungen an Weihnachten wieder. Damit möchte ich erreichen, dass bei jedem Leser dieser Geschichte die Weihnachtszeit seiner Kindheit wieder lebendig wird.

„Meinst du, wir sollten ihn wirklich jetzt schon aufstellen? Es ist doch erst in fünf Tagen Heiligabend!" wandte ich zweifelnd ein, als meine Frau den Christbaumschmuck heranschleppte und entschlossen auf den Wohnzimmertisch stellte.
„Natürlich! Das machen doch jetzt alle! Da hat man doch wenigstens etwas davon. Nur für die paar Tage, von Weihnachten bis Neujahr, lohnt sich doch der ganze Aufwand nicht. Außerdem hat er dafür zu viel Geld gekostet", versuchte sie meine Bedenken zu zerstreuen.
Das war vernünftig und logisch, zumal die Kinder

erwachsen und aus dem Haus waren. Dennoch ging es mir gegen den Strich. Nur widerwillig und der Logik meiner Frau nachgebend holte ich den Hightech Christbaumständer aus dem Keller und den Baum von der Terrasse. Ein Tritt auf den Hebel und der Baum stand fest und sicher an seinem Platz, als wäre er dort gewachsen.

„Wie sollen wir ihn dieses Jahr schmücken?", fragte meine Frau rein rhetorisch, denn ich war mir sicher, sie hatte ihre Entscheidung längst getroffen.

„Wie wäre es mit Rot oder Lila?", kam auch dann prompt der Vorschlag.

„Silber oder golden?", versuchte ich lahm einen Gegenvorschlag.

„Das ist doch altmodisch! Du musst auch mal mit der Zeit gehen!" tadelte sie meinen Vorschlag.

„Aber lila auf keinen Fall! Dann können wir auch gleich pulsierende Kerzen daran machen", begehrte ich  nun ernsthaft auf.

„Ok, Ok, also dann rot", lenkte sie beschwichtigend ein. Der Baum wurde ein Prunkstück. Rote Kugeln, rote Schleifchen, dazu knallrote künstliche Äpfel und weißrote Zuckerstangen schmückten nun die Nordmanntanne. Das imposante Bild wurde durch goldrot schimmerndes Lametta und eine rote Spitze abgerundet.

Zufrieden betrachteten wir unser Werk von allen Seiten. Die Nordmanntanne war außergewöhnlich gerade und symmetrisch gewachsen, sodass auch die Elektrokerzen recht gut verteilt angebracht werden konnten.

„Sieht er nicht wunderschön aus?", freute sich meine Frau und sah mich dabei Beifall heischend an.

„Ja, wirklich toll!", gab ich ihr Recht. „Nur, er riecht nicht nach Weihnachtsbaum", schränkte ich ein.

„Stimmt! Nordmanntannen riechen nicht! Dafür halten sie länger und nadeln nicht!"
„Ja und die Nadeln stechen auch nicht", schloss ich nun meinen Frieden mit dem Baum.
„Soll ich ihn einmal anmachen?"
Der Baum glänzte nun in seiner ganzen Pracht und wir genossen schweigend den Anblick. Da fiel mir plötzlich auf, dass etwas Wichtiges an dem Baum fehlte.
„Es fehlt das Glöckchen! Es muss noch auf dem Dachboden bei den silbernen Sachen sein", stellte ich entsetzt fest. Ohne Glöckchen? Das geht gar nicht! Also begab ich mich sofort auf die Suche.
Auf dem Dachboden durchsuchte ich nun einige Schachteln und wurde auch bald fündig. Behutsam nahm ich das Glöckchen aus seinem Behältnis, hielt es mit zwei Fingern hoch und schüttelte es leicht. Das silberhelle Klingeln tönte durch die Stille des Dachbodens und verursachte einen leichten Schauer auf meiner Haut. Irgendwie verschwamm der dunkle Dachraum vor meinen Augen und die Erinnerung an Weihnachten in meiner Kindheit drängte sich in intensiven Bildern hervor.

1.Advent. „Jetzt beginnt die Zeit der Erwartung", sagte Mutter und zündete die erste Kerze an. Wir saßen um den Wohnzimmertisch herum und hörten andächtig zu, wenn Vater auf der Zitter spielte. Er holte das Instrument nur zur Adventszeit heraus und war darum auch nicht so geübt. Für uns Kinder, das waren mein älterer Bruder und ich, hörte es sich jedoch an, wie das Harfenspiel eines Engels. Mutter stimmte Adventslieder an, deren Text wir können und mitsingen mussten. Mit „Es ist ein Ros entsprungen" konnte ich damals nichts anfangen. „Aus einer Wurzel zart?" Was sollte das sein? Da war das Lied „Es ist für uns eine Zeit

angekommen, die bringt uns eine große Freud" für mich schon verständlicher, denn es war eine schöne und aufregende Zeit. Mutter backte Plätzchen, die sie in einer Kiste unter Verschluss hielt und an Abenden, an denen sich der Himmel in dieser Zeit bei Sonnenuntergang blutrot färbte, zeigte sie nach oben und sagte:
„Seht nur, Christkindchen backt Plätzchen für eure Weihnachtsteller!"
An der Wand in der Küche hing ein Adventskalender, an dem ich jeden Tag ein Türchen öffnen durfte. Dahinter versteckten sich irgendwelche Symbole, auf die ich jedes Mal neugierig war. Die Anzahl der geöffneten Türen zeigten mir, dass Weihnachten immer näher rückte.
Am Heiligabend wurde das große Portal geöffnet und Maria, Joseph und das Christuskind in der Krippe kamen zum Vorschein. Im Radio sangen der Tölzer Knabenchor, die Regensburger Domspatzen und vor allen Dingen die Wiener Sängerknaben die ganze Palette der Weihnachtslieder rauf und runter, was uns Kinder mit der Zeit nervte. Trotzdem brachte uns dies in eine erwartungsvolle, aufgeregte Stimmung. Zu meinem Leidwesen kam damals das Christkind erst am Weihnachtsmorgen. Als ich danach fragte, warum denn das bei uns so sei, denn bei den meisten meiner Freunde gab es am Heilig Abend die Bescherung, erklärte Mutter:
„Sieh mal, Jesus Christus ist in der Nacht zu Weihnachten geboren und die Hirten brachten ihre Gaben erst am Weihnachtsmorgen. Darum ist bei uns auch erst dann Bescherung."
Der Nachmittag an Heiligabend zog sich dann auch wie Kaugummi und wollte nicht vergehen. Mutter backte Kuchen und die Vorbereitungen für den Weihnachtstag

nahmen sie voll in Anspruch. Vater hingegen beschäftigte sich im Keller, wie ich später erfuhr, mit dem Einstielen des Weihnachtsbaumes in einen selbstgebauten Ständer, was wohl nicht so ganz einfach gewesen war.

Nach dem Abendessen, es gab immer Bockwurst mit Kartoffelsalat, waren Küche und die gute Stube, das Wohnzimmer, für uns Kinder tabu. Ich musste darum auch früh zu Bett gehen, was mit Protesten verbunden war, da ich vor Aufregung ohnehin nicht schlafen konnte. Auf meinem Wunschzettel an das Christkind stand an erster Stelle ein Roller mit Ballonreifen, doch Mutter meinte dazu nur:

„Ich glaube, dein Betragen in diesem Jahr reicht dem Christkind nicht für solch ein großes Geschenk." Trotz dieser niederschmetternden Prognose war ich doch voller Hoffnung. Mit offenen Augen und klopfendem Herzen hörte ich aus dem Wohnzimmer geheimnisvolles Rascheln und Tuscheln, bis mich dann irgendwann doch der Schlaf einholte.

Endlich Weihnachtsmorgen 7 Uhr! An normalen Wochentagen bedurfte es schon einiger Anstrengungen mich um diese Uhrzeit wach zu bekommen. Nun weckte mich das leiseste Geräusch aus dem Wohnzimmer. Bald standen mein Bruder und ich ungeduldig vor der Wohnzimmertür, deren Scheibe mit einem Laken verhängt war. Dann kam der große Moment. Das Glöckchen klingelte silberhell und die Tür öffnete sich.

„Ahhh!" Der Anblick des Weihnachtsbaumes hatte etwas Heiliges und der Glanz spiegelte sich wohl in unseren Augen wieder, denn selten habe ich meine Eltern glücklicher gesehen. Ich werde nie den Geruch nach Tanne, Harz und brennenden Kerzen vergessen, mit dem der Baum den Raum füllte. In den dicken, silbernen Kugeln spiegelten sich flackernd die brennenden Kerzen, deren warme Luft das, in geordneten Streifen aufgehängte silberne Bleilametta, leicht bewegte. Trotz aller Heiligkeit registrierte ich mit Freude, dass auch in diesem Jahr wieder reichlich Süßigkeiten den Baum zierten.

Nachdem wir nun den Baum ausreichend bewundert hatten, sagte die Tradition, dass wir singen mussten. Zum Pflichtprogramm gehörten die Lieder „Am Weihnachtsbaume" mit gefühlten 10 Strophen, „Oh du Fröhliche" und als Zugabe noch „Stille Nacht". Während des Singens suchte ich neugierig mit meinen Blicken den Weihnachtstisch nach Geschenken ab, doch alles war mit Geschenkpapier abgedeckt.

„Du musst noch dein Gedicht aufsagen!", forderte mich Mutter nach den letzten Tönen von „Stille Nacht" nun auf.

Ach ja, das Gedicht! Ich hatte es eigens gelernt, um das Christkind wohlwollend zu stimmen. Also trat ich einen Schritt vor:

„Weihnachten" von Joseph von Eichendorff

Es war das erste Mal, dass ich es vortrug, und ich tat es mit einer solchen Inbrunst, dass mein Bruder und meine Eltern zunächst keine Worte fanden. Ab diesem Zeitpunkt gehörte auch dieses Gedicht bei allen folgenden Weihnachten zum festen Programm.

Dann durften wir endlich an den Weihnachtstisch. Erwartungsvoll entfernte ich das Papier über der Stelle auf dem Tisch, wo sich meine Geschenke befinden sollten. Da lag aber nicht viel. Ein Etui mit einem Tintenfüller für die Schule und ein Mickeymouseheft. Das Heft hatte ich mir ja gewünscht! Aber das Etui? Na ja! Etwas enttäuscht blickte ich in die Runde. Das Gedicht hatte dem Christkind wohl nicht gereicht.

Mutter hatte mich fest im Blick, als Vater mit etwas

Größerem aus der Küche kam.

„Es war für das Christkind zu schwer, darum hat es das nur bis zum Fenster geschafft!", erklärte er grinsend. Meine Augen wurden groß wie Wagenräder. Unter dem Papier lugten auf dem Fußboden zwei Ballonreifen hervor. Es ist heute nicht mehr zu beschreiben, was ich in dem Moment gefühlt habe. Am liebsten hätte ich den Roller gleich mit nach draußen genommen und wäre mit ihm losgefahren. Doch draußen war es noch dunkel und das Weihnachtsfrühstück wartete auf uns, dessen Hauptattraktion ein Königskuchen, mit viel Rosinen, Orangeat und Zitronat, war. Dann folgte ein Weihnachtsvormittag, an dem wir uns mit „Mensch ärgere dich nicht" oder anderen Spielen die Zeit bis zum Mittagessen vertrieben.

Plötzlich hatte mich die Gegenwart wieder, denn die Kälte des Dachbodens kroch in meine Glieder.

Dennoch ließ mich die Erinnerung nicht so ganz los. Ich stellte fest, dass diese Art Weihnachten zu feiern, mich mein halbes Leben lang begleitet hatte. Wir wurden erwachsen, gründeten selbst eine Familie und feierten unsere eigene Bescherung an Heiligabend mit anderen Abläufen und Traditionen. Der Termin aber, Weihnachtsmorgen bei unseren Eltern  und fiel es uns auch manchmal nach einem feuchtfröhlichen Heilig Abend noch so schwer, um 8 Uhr auf der Matte zu stehen, war unumstößlich. Bis zu dem Weihnachten, als Mutter die Wildlederhandschuhe, die ich ihr als Geschenk mitgebracht hatte, nicht mehr anziehen konnte. Sie verwechselte ständig links und rechts, worüber wir zunächst gelacht hatten. Doch schon am nächsten Tag stand fest, dass sie einen Schlaganfall erlitten hatte. Vier Wochen später starb sie an dessen Folgen und mit ihr starb auch das Weihnachten meiner Kindheit.

„Wo bleibst du denn so lange? Willst du auf dem Boden
deinen Lebensabend verbringen?" hörte ich die Stimme
meiner Frau. Das holte mich nun endgültig wieder in die
Wirklichkeit zurück. Als ich mit dem Glöckchen in der
Hand vor ihr stand, fragte sie mich:
„Was hast du denn da oben so lange gemacht?"
Ich hielt das Glöckchen hoch.
„Es hat mich an das richtige Weihnachten erinnert, das
Weihnachten meiner Kindheit!"
Prüfend suchte ich nun nach einem geeigneten Platz
dafür an unserem Baum. Da trat meine Frau zu mir,
nahm mich in den Arm, zeigte dabei auf einen Zweig
und flüsterte:
„Da muss es hin! Da hat es bei mir zu Hause früher
auch gehangen und an jedem Weihnachtsmorgen zur
Bescherung gerufen. Das ist nämlich mein Glöckchen!"
Lächelnd legte ich nun auch meinen Arm um sie.
„Ach, weißt du, ich denke, es ist völlig egal, was das für
ein Glöckchen ist! Wir werden damit am Heiligabend
zur Bescherung rufen und die Tradition unserer Familie
fortsetzen. Ich freue mich schon darauf.

# Und es gibt es doch!

Zu diesen Kindheitserinnerungen fällt mir auch immer wieder eine Geschichte ein, die mir meine Mutter einmal an einem Weihnachtsmorgen erzählt hatte.
Zuvor hatte ich am Heiligen Abend großspurig erklärt: „Das mit dem Christkind ist alles Schwindel. Es gibt gar kein Christkind."
Da hatte sie mich auf den Schoß genommen und gesagt: „Dann will ich dir einmal eine Geschichte erzählen und höre nur aufmerksam zu, denn es ist deine Geschichte."

Klaus jagte wie von Furien gehetzt den tief verschneiten Weg von der Schule hinunter zum Marktplatz, dort wo das Haus der alten Hexe stand, in dem sie, seit ihrer Flucht vor dem Bombenhagel auf ihre Heimatstadt, wohnten. Er nannte sie heimlich *Hexe*, weil sie, gestützt auf einen schwarzen Krückstock, immer schweigend mit bösen Blicken durch das Haus schlurfte. Er konnte sich noch gut an ihre Verwünschungen erinnern, als die Männer mit den Hakenkreuzbinden an den Armen, sie gegen den Willen der Hexe in das heruntergekommene Haus eingewiesen hatten.
„Evangelische Ratten", hatte sie geschrien. "Ich werde nicht eher ruhen, bis ihr wieder aus meinem Haus verschwunden seid."
Seine Schritte wurden nun langsamer, als er in den vom Schnee freigeschaufelten Weg zum Haus einbog. In seiner Hand hielt er krampfhaft eine

zusammengeklappte Butterbrothälfte und mit der freien Hand klopfte er sich den Schnee von den Schultern. Unten im Hausflur trampelte er sich die Schuhe frei. Es war bitterkalt und es schneite den Pulverschnee in dichten Flocken an diesem Morgen des Heiligen Abends. Mit ein paar Sätzen rannte Klaus die Treppe hoch und öffnete die Tür zu ihrer Wohnung. Seine Mutter saß, seinen Bruder, den kleinen Peter, fest an sich gedrückt, dicht an dem alten Küchenofen, der einzigen Wärmequelle in der Wohnung, und streichelte zärtlich den kleinen Blondschopf. Klaus sah sofort, dass es dem Kleinen wieder schlechter ging. Das Fieber ließ einfach nicht nach. Elfriede blickte auf und stellte erleichtert fest: „Ah, da bist du ja endlich. Wie war es, hat man dich beim Krippenspiel mitspielen lassen?"
Elfriede fragte dies, weil ihr Großer, wie sie ihn liebevoll nannte, sonst meistens weinend nach Hause kam, wenn seine Mitschüler ihn wiederholt verhauen hatten. Einmal hatte er sie gefragt: "Warum mögen die mich nicht leiden, Mama?"
"Weil wir evangelisch und sie alle katholisch sind." Nach einiger Zeit des Nachdenkens hatte er dann gefragt. „Was ist *evangelisch*? Ist das etwas Böses?" Resignierend hatte sie mit den Schultern gezuckt. „In ihren Augen wahrscheinlich ja."
„Und in den Augen des Christkindes auch? Kommt es darum nie zu uns und bringt uns nicht so schöne Sachen wie den anderen Kindern?"
Elfriede hatte darauf keine Antwort gewusst, sich abgedreht und leise vor sich hin geweint, sodass Klaus es nicht merkte. Statt eine Antwort abzuwarten, hielt er seiner Mutter die halbe zusammengeklappte und mit Blutwurst belegte Stulle hin.
„Ich habe dir etwas mitgebracht. Sie ist etwas feucht geworden durch den Schnee da draußen und ich habe

auch nur ein winziges Stück davon abgebissen. - Nur ein kleines Stück", fügte er nochmals entschuldigend hinzu.

„Wo hast du das her?", fragte Elfriede verwundert. Klaus versuchte ihrem Blick auszuweichen.

„Du hast es doch nicht gestohlen?"

Klaus blickte zerknirscht zu Boden und nickte. Lügen konnte er nicht.

„Die prall gefüllten Beutel hingen draußen an der Garderobe. Sie haben alle so viel zu essen mit, dass sie dieses Butterbrot gar nicht merken."

„Tu das nie wieder!", geriet Elfriede außer sich. „Ich will nicht, dass mein Sohn stiehlt. Wenn wir erst damit anfangen, haben wir unseren Stolz und unsere Seele verloren. Dann sind wir nicht besser als die, die tatenlos zusehen, wie wir hier verhungern."

„Ich habe es doch nur für dich und den Kleinen getan und überhaupt, warum müssen wir eigentlich hungern", weinte nun Klaus, erschreckt über den Zornesausbruch seiner Mutter.

„Weil", die Heftigkeit in ihrer Stimme ließ wieder nach, denn sie hatte gemerkt, dass sie ihrem Sohn in ihrer Verzweiflung unrecht getan hatte. „Weil das, was wir auf den Lebensmittelkarten bekommen, nicht reicht."

„Du wirst immer dünner und Papa wird dich nicht wieder erkennen, wenn er zurückkommt."

„Ach, wer weiß, ob dein Vater wiederkommt", schluchzte sie auf.

Bisher hatte sie ihre Gefühle vor ihrem Sohn immer im Griff gehabt, doch nun war sie mit ihren Nerven am Ende. Wie sollte sie ihrem Sohn auch beibringen, dass sein Vater in Russland verschollen war? Seit seinem letzten Fronturlaub, in dem sie, den Abschied für lange Zeit vor Augen, ungewollt schwanger geworden war, hatte sie kein Lebenszeichen mehr von ihm erhalten.

Dieser verdammte Krieg hatte ihr den Mann genommen und mit einer Brandbombe auch ihr Heim und ihre Heimat. 'Evakuierung' nannten sie die Übersiedlung in dieses gottverlassene Nest, in dem man sie nicht als Menschen betrachtete, weil sie aus der großen Stadt kamen und evangelisch waren. Sie hatte versucht zu kämpfen, buhlte um Anerkennung und Aufmerksamkeit, doch stieß sie dabei nur auf Ablehnung und Hass. Weinend wandte sie sich dem Ofen zu und legte noch ein paar Tannenzapfen nach, den einzigen Brennstoff, den sie aus den Wäldern herausholen durfte. Die Bauern achteten streng darauf, dass kein Holz gestohlen wurde.

Zunächst stand Klaus wie versteinert da. Dann schrie er, mit den Füßen auf den Boden trampelnd: „So etwas darfst du nicht sagen! Papa kommt wieder. Ich weiß es genau!"

Wütend rannte er aus dem Zimmer und stolperte die Treppen hinunter. Draußen hatte das Schneetreiben nachgelassen. Klaus trocknete seine Tränen und schaute zum Himmel. Die dunklen Wolken ließen den Tag nicht hell werden. Er würde seiner Mutter nun beweisen, dass er etwas zu essen besorgen konnte, ohne zu stehlen. Alle Fenster der Häuser in der Straße waren hell erleuchtet und weihnachtlich flackerte überall Kerzenschein. Niemand war auf der Straße zu sehen. Es waren wohl alle mit ihren Weihnachtsvorbereitungen beschäftigt.

Als Erstes klopfte Klaus an die Tür von Bauer Breiden. Er hörte, wie Hasso, der riesige Schäferhund, anschlug. Die Tür öffnete sich einen Spalt.

„Was willst du?", herrschte die raue Stimme von Bauer Breiden ihn an.

„Ich möchte frohe Weihnachten wünschen und fragen, ob Sie nicht für uns ein wenig zu essen übrig haben.

Meine Mutter und der Kleine haben Hunger und ich auch."

Verärgert antwortete die raue Stimme: „Ach, bist du nicht der Bastard dieser Hungerleiderin? Jetzt wird man schon am Heiligen Abend belästigt. Scher dich zum Teufel, du evangelische Ratte, sonst hetze ich den Hund auf dich. Hasso fass!"

Knurrend kam Hasso herbeigeeilt und steckte zähnefletschend sein Maul durch den Türspalt. Schnüffelnd hielt er inne, wedelte plötzlich mit dem Schwanz und begann, Klaus' Hände zu lecken.

„Aus!", schrie Breiden und schlug die Tür zu. Ein klägliches Jaulen zeugte davon, dass er dem Hund einen übergezogen hatte. Klaus schüttelte erschrocken den Kopf. Nur weil der Hund auch nicht weiß, was evangelisch ist, dachte er traurig.

Bei Bauer Diemel hatte Klaus mehr Glück. Nachdem er seinen Spruch aufgesagt hatte, verschwand Diemel für einen Moment und kam mit einem Knapp alten Brot wieder. Vorsichtig, nach allen Seiten schauend, um sicherzugehen, dass ihn dabei auch ja niemand sah, drückte er diesen Klaus in die Hand und verschloss hastig wieder die Tür. Klaus betrachtete das alte Stück Brot von allen Seiten. Es war hart und an einer Stelle schon schimmelig, doch es war ein Anfang. Wenn man den Schimmel beseitigte, würde der Knapp bei seiner Mutter zu einer durchaus essbaren Brotsuppe werden. Er brauchte nun nur noch etwas Milch dazu aufzutreiben. Doch wo er nun auch klopfte, an allen anderen Haustüren wurde er mit derben Beschimpfungen fortgeschickt. Mittlerweile war es ganz dunkel geworden. Er musste wieder nach Hause, denn seine Mutter würde sich bestimmt schon Sorgen machen. Mutlos setzte er sich auf die schneebedeckten Stufen, die zur Kirche hinaufführten. Mit offenem Mund sah er zu, wie der Küster die Kerzen des Tannenbaums vor der Kirche anzündete. Ihr warmes, flackerndes Licht strahlte zu ihm hinunter.

„Dort sitzt nun das Christkind und geht mit den Leuten nach Hause, die aus der Kirche kommen", dachte er ehrfurchtsvoll.

Plötzlich hatte er eine Idee. Er rannte die Treppen zur Kirche hinauf und blieb vor dem hell erleuchteten Weihnachtsbaum stehen.

„Du, Christkind, ich weiß, dass du dort oben sitzt. Warum kommst du nicht auch einmal bei uns vorbei? Nur weil wir evangelisch sind? In all den schönen Geschichten über dich, die wir in der Schule gelernt haben, heißt es, dass du geboren bist, um alle Menschen lieb zu haben. Warum nicht auch uns? Ich habe mir noch nie von dir etwas wünschen können, doch nun musst du mir zuhören! Ich wünsche mir meinen Papa zurück. Ich möchte meine Mama einmal lachen sehen und wünsche mir sehnlichst, keine evangelische Ratte mehr zu sein. Wenn dann noch etwas zu essen herausspringen würde, wäre das ganz toll."

Er sprach diese Worte so hastig und dabei nach allen Seiten schauend, als hätte er etwas Verbotenes getan. Dann rannte er die Treppe herunter, als wäre er auf der Flucht. Dabei lief er dem Schmied des Dorfes in die Arme. Der hielt ihn fest und fragte erstaunt: „Was treibst du dich noch auf der Straße herum? Wo kommst du her, wo bist du zu Hause?"

Klaus riss die Augen auf. Er kannte ihn, die evangelische Ratte, nicht? Schmied Wohlers sah sich den Jungen nun genauer an und merkte, dass dieser bitterlich fror.

„Komm erst einmal mit mir nach Hause und wärm dich auf. Dann bringe ich dich heim."

Klaus konnte nicht fassen, was er da gehört hatte. Es dauerte eine Weile, bis er Vertrauen zu dem Mann gefasst hatte. Er wusste von dem Schmied, dass er ein kauziger Einzelgänger war und Kinder wie Erwachsene nicht gut auf ihn zu sprechen waren. Nun erzählte er ihm alles, von seiner Mutter, dem Hunger und dem Kleinen, der kaum noch Leben in sich hatte.
Der Schmied sprach ab diesem Zeitpunkt kein Wort mehr. Nur wer ihn gut kannte, hätte die geschwollenen Zornesadern gesehen. Er brachte Klaus nach Hause und die tief besorgte Elfriede schloss ihren Sohn glücklich in die Arme. Doch so sehr sie ihren Sohn auch ausfragte, wo er sich herumgetrieben habe, er schwieg verstockt.

Dann, nach einiger Zeit, klopfte es an der Tür. Als Elfriede öffnete, stand der Schmied mit einem Weihnachtsbaum in der Hand vor der Tür. Verlegen trat er von einem Fuß auf den anderen.
„Hallo. Viel habe ich auch nicht. Die geizigen Bauern bezahlen meine Arbeit schlecht, doch ich denke, es wird reichen."
Den Baum befestigte er in einem selbstgebauten Ständer. Dann kramte er aus den Taschen ein paar halb abgebrannte Kerzen und gab sie Elfriede.
„Mehr habe ich nicht."
Dann kam etwas, was Elfriede und ihrem Sohn fast den Atem stillstehen ließ. Der Schmied stellte einen Korb auf den Tisch, aus dem alle Herrlichkeiten dieser Welt hervorschauten: Eier, ein Stück Butter, Brot und ein Ringel Wurst. Für den Kleinen richtige Milch und sogar ein paar Plätzchen. Elfriede traten die Tränen in die Augen, diesmal aber vor Glück.
„Wie kann ich Ihnen jemals danken?"
„Sie brauchen mir nicht zu danken, denn ich schäme

mich für meine Mitmenschen hier. Ich schwöre Ihnen, dass sich nun einiges ändern wird und müsste ich dafür den Pfaffen von der Kanzel ziehen. Frohe Weihnachten!"

Der Schmied verschwand und ließ die vor Glück starren Beckers zurück. Elfriede nahm ihren Sohn in den Arm: „Frohe Weihnachten, mein Kind. Das Christkind war da!"

Klaus schaute sie mit großen Augen an. „Dann fehlen aber noch zwei Wünsche."

„Ach Kind! Was denkst du denn? Alle Wünsche gehen nicht in Erfüllung."

Schmied Wohlers platzte mitten in den Heiligabend Gottesdienst. Ohne auch nur zur Seite zu schauen, stapfte er auf die Kanzel zu. Der Vikar blickte entsetzt zu ihm herüber. Dann hielt zum ersten und wahrscheinlich auch zum letzten Mal ein Schmied eine Weihnachtspredigt. Mit derben Worten riss er seinen scheinheiligen Mitbürgern die Masken vom Gesicht, appellierte an den letzten Rest ihrer Menschlichkeit und traf sie mit seinen Worten mitten hinein, wo normalerweise ein Herz ist.

„Wir feiern heute die Ankunft des Herrn Jesus Christus und lassen es zu, dass Menschen in unserer Mitte Not leiden. Der Krieg hat unser Leben und unser Hab und Gut mit der Hilfe des Herrn verschont. Der Herr wird uns aber in der Hölle schmoren lassen, wenn wir die Weihnachtsbotschaft nicht auch zu dieser Frau und ihren Kindern bringen", endete er seine Rede und alle Gemeindemitglieder blickten betreten zu Boden.

Als Erster erschien am Weihnachtsmorgen der Vikar bei Elfriede, ein Signal für alle gläubigen Katholiken, es ihm gleichzutun. Was dann folgte, war überwältigend und Elfriede war über so viel Freundlichkeit wie vom Donner gerührt. Jeder brachte etwas mit und bald stapelten sich auf dem Küchentisch Sachen zum Anziehen für die Kinder, die wichtigsten Lebensmittel und sogar einige Spielsachen für Klaus. Am meisten aber freute sich Elfriede über das Versprechen der Dorfbewohner, sie in Zukunft nicht mehr als evangelische Außenseiter zu behandeln. Sie konnte ihr Glück kaum fassen. Dann geschah aber etwas, dass ihr Herz fast zum Stillstand brachte. Der Postbote des Dorfes kam mit scheelem Blick auf sie zu.

„Äh, ich konnte den Brief nicht eher zustellen", druckste er herum und reichte ihr einen grauen Umschlag. Man sah ihm an, dass er schon lange unterwegs war und sicher hatte der Postbote ihn absichtlich zurückbehalten. Gestempelt war er von einer englischen Besatzungsbehörde. Mit zitternden Händen riss Elfriede ihn auf.

„Mein lieber Schatz", stand da. Die Buchstaben verschwammen ihr vor Augen.

„Ich bin mit dem letzten Schiff aus der Einkesselung bei Riga herausgekommen. Nun sitze ich hier in Kiel und bin von den Engländern interniert worden. Ich denke aber, dass ich in einigen Wochen zu Hause bin. Ich liebe dich, dein Richard!"

Elfriede warf den Brief in die Luft, lachte und ließ ihrer unbändigen Freude freien Lauf. Dabei wirbelte sie ihren Sohn Klaus herum und drückte ihn plötzlich fest an sich. Für einen Moment blieben sie regungslos so stehen. Dann machte er sich frei und lief zum Fenster.

„Ich danke dir, liebes Christkind. Du hast früher sicher zu viel zu tun gehabt und uns nicht gesehen. Nun hast du alle meine Wünsche erfüllt. Das werde ich dir nie vergessen!"

*

# Der Weihnachtsbaum

Zugegeben, es waren damals andere Zeiten und das
Leben war schwieriger als heute. Das hat die vorige
Geschichte wohl eindringlich gezeigt.
Heute gibt es in der Weihnachtszeit andere
Schwierigkeiten zu bewältigen und damit wird es Zeit,
wieder zu meinen Freund Neumann zurückzukehren.
Auch er, wie könnte es anders sein, hat so seine
Probleme damit. Insbesondere mit einem bestimmten
Kauf.

Neumann stemmte sich mit Händen und Füßen von
innen gegen den Rahmen der Wohnungstür. Seine
Frau schüttelte lachend den Kopf und versuchte, ihn
gegen seinen Widerstand hinaus zu drücken.
„Stell dich nicht so an! Wir gehen nur einen
Weihnachtsbaum kaufen. Wahrscheinlich werden wir
keinen Vernünftigen mehr bekommen. Zwei Tage vor
Heiligabend sind die Guten sicher schon weg."
„Ich hasse es, Weihnachtsbäume zu kaufen", knurrte
Neumann und bewegte sich nicht vom Fleck.
„Sei nicht albern", schimpfte seine Frau, nun nicht mehr
belustigt. „Wir haben noch jedes Jahr einen Baum
gehabt und wir werden auch dieses Jahr einen haben.
Also, beweg dich!" Ergeben gab er seinen Widerstand
auf und ließ sich nach draußen schieben. Den Ton in
der Stimme seiner Frau kannte er.
„Wir sehen uns die Bäume erst einmal bei dem
Weihnachtsbaumhändler auf dem Marktplatz an",

schlug sie bestimmend vor. „Der hatte in den
vergangenen Jahren immer die Besten."
„Meinst du, wir könnten uns bei dem noch sehen
lassen? Letztes Jahr hast du ihn fast zum Wahnsinn
gebracht."
Frau Neumann blickte ihren Mann nun vorwurfsvoll an.
„Du übertreibst mal wieder. Man wird doch wohl noch
unter ein paar Bäumen aussuchen dürfen! Außerdem
ist das seine Arbeit. Er wird sich sicher nicht mehr an
uns erinnern."
Neumann erwiderte nichts mehr, denn das Einparken
erforderte seine ganze Konzentration.
Auf dem Marktplatz angekommen, steuerte Frau
Neumann, ihren Mann hinter sich her ziehend,
zielstrebig auf die ausgestellten Weihnachtsbäume
hinter einem provisorisch errichteten Zaun zu. Es war in
der Tat derselbe Händler wie im letzten Jahr. Er
beschäftigte sich gerade mit anderen Kunden und
nahm zunächst keinerlei Notiz von den Neumanns.
Frau Neumann war sofort in ihrem Element.
Unternehmungslustig schaute sie sich um. Enttäuscht
verzog sie jedoch bald ihr Gesicht.
„Ich will dieses Jahr einen großen Baum! Er muss vom
Fußboden bis an die Decke reichen. Der hat ja hier gar
nichts Vernünftiges. Ich habe dir gleich gesagt, wir sind
zu spät."
Neumann verdrehte die Augen. Mit stoischer Ruhe zog
er eine Edeltanne aus einem ungeordnet liegenden
Haufen Bäume heraus und hielt ihn seiner Frau zur
Ansicht hin. Er hätte vielleicht doch vorher einen Blick
darauf werfen sollen.
„Das ist nicht dein Ernst", entfuhr es ihr.
Erst jetzt besah er sich seinen Missgriff. Der Baum
reichte ihm nur bis zum Kinn und hatte unter der Krone
fast keine Zweige. Dafür zeichnete er sich im unteren

Bereich durch undurchdringliches Gestrüpp aus.
Verärgert ließ ihn Neumann dorthin zurückfallen, wo er
ihn hergeholt hatte. Ratlos blickten sie sich nach
weiteren Bäumen um. Dies lenkte die Aufmerksamkeit
des Verkäufers auf sie. Diensteifrig kam er auf sie zu,
denn es war zwei Tage vor Heiligabend und er hatte
noch eine Menge Bäume zu verkaufen. Als er jedoch
die Neumanns erkannte, stockte sein Schritt. Sein
verkaufsförderndes Lächeln verschwand von seinem
Gesicht und es entfuhr ihm ein leise gezischter Fluch.
„Da ist ja der nette junge Mann, der uns letztes Jahr so
nett bedient hat", erkannte Frau Neumann begeistert
den Mann wieder.
Der Händler lächelte nun wieder, wenn auch ein wenig
säuerlich. Im letzten Jahr hatte er wohl jeden Baum
seines Bestandes in der Hand gehabt, ehe diese
Herrschaften dann doch den ersten gekauft hatten, den
er ihnen gezeigt hatte. Er holte nun tief Luft, bevor er
sich zu der Frage durchrang: „Was soll's denn für ein
Baum sein? Fichte, Blautanne, Edeltanne oder
Nordmann?"
„Wir möchten eine schöne, große Edeltanne",
antwortete Neumann.
„Sie soll vom Fußboden bis an die Decke reichen",
ergänzte seine Frau.
Der Verkäufer nickte und stapfte zur hintersten Ecke
seines Weihnachtsbaumgeheges. Er kam mit zwei
wuchtigen Edeltannen wieder.
„Das sind die letzten in dieser Größe", nuschelte er und
hielt sie zur Ansicht, mit der geübten Taktik eines
routinierten Weihnachtsbaumverkäufers, hin. Doch all
seine Routine nutzte ihm nichts. Frau Neumann
erkannte sofort die Schwachstellen der Tannen und
deckte sie gnadenlos auf.
„Sie brauchen ihn gar nicht so schräg zu halten, damit

er gerade wirkt. Der hat in der Mitte einen Knick.
Drehen sie den anderen doch einmal herum. Ach du
lieber Gott, der hat ja auf der einen Seite keine Zweige!"
Dann sah sie ihren Mann strafend an. „Siehst du, ich
hab es ja gesagt."
Der Verkäufer rollte mit den Augen und brachte die
Bäume zurück. Währenddessen schaute sich Neumann
nun selbst noch einmal suchend um. Dabei fiel sein
Blick auf eine Nordmanntanne. Sie hatte in etwa die
gewünschte Größe und schien auch so auf den ersten
Blick ganz OK. zu sein. Noch ehe der Verkäufer
zurückkam, hielt er seiner Frau das Prunkstück hin.
„Na, was sagst du dazu?"
Frau Neumann betrachtete den Baum eine ganze Weile
von allen Seiten. Nach einer langen Zeit des
andächtigen Schweigens rief sie begeistert:
„Das ist er! Der ist ja ein Traum. So gerade gewachsen
und regelmäßig die Zweige! Den nehmen wir!"
Wie aus dem Boden gewachsen  stand nun der
Verkäufer wieder bei ihnen.
„Sie haben es gehört. Was kostet diese Krüppelkiefer?",
fragte Neumann provozierend.
Normal 60,00 €, aber Ihnen lasse ich ihn für 50,00 €."
Neumann ließ den Baum vor Schreck fallen und
schnappte wie ein Fisch auf dem Trockenen nach Luft.
„Sie haben jetzt einen Scherz gemacht, nicht wahr?"
„50,00 €", blieb der Verkäufer stur. „Das ist eine
Nordmanntanne."
„Sie sind wohl wahnsinnig geworden? Wissen Sie, wo
Sie sich ihre Nordmanntanne hinstecken können?",
erzürnte sich Neumann nun und zog seine Frau mit sich
fort.
Die wandte sich noch einmal um und blinzelte dem
Verkäufer verzweifelt zu.
„Du hast dich unmöglich benommen", schimpfte sie

nachher, als sie wieder im Auto saßen.

„Merkst du noch was?", fauchte er zurück. „Ich zahle doch keine 50,00 € für einen Weihnachtsbaum. Das sind 100,00 DM!"

Frau Neumann begann nun verärgert zu schweigen. Neumann kannte auch dieses Schweigen. Es bedeutete Ehekrise. So weit wollte er es zwei Tage vor Weihnachten nun doch nicht kommen lassen.

„Sieh mal, Schatz, so viel Geld war der Baum nicht wert. Ich habe da eine gute Idee. Ich fahre morgen zu Bauer Einhaus, denn heute habe ich in der Zeitung ein Inserat gelesen: „Weihnachtsbäume selber schlagen! Jede Größe 25,00 €." Sieh mal, der Baum käme praktisch frisch aus dem Wald in unser Wohnzimmer."

Frau Neumanns Miene hellte sich sogleich wieder auf. „Das würdest du tun?", fragte sie ungläubig.

„Ja, natürlich!", versicherte er schnell. „Wir können den Baum bis weit in den Januar hinein stehen lassen, ohne dass er nadelt", fügte er noch hinzu.

Die Argumente hatten ihre Wirkung nicht verfehlt. Frau Neumann wagte nur noch einen kleinen Einwand: „Wenn du morgen aber keinen vernünftigen Baum findest, stehen wir Heilig Abend ohne da."

„Das ist eine riesengroße Plantage mit unzähligen Bäumen. Da werde selbst ich einen finden, der deinen gehobenen Ansprüchen genügt", pustete sich Neumann nun auf.

„Wir werden ja sehen", dachte sie und nahm sich vor, noch einmal Kontakt mit dem Händler vom Marktplatz aufzunehmen.

Der Tag vor Heiligabend war ein mieser Tag. Dunkle Wolken ließen nur wenig Tageslicht zu. Dazu kam leichter Nieselregen und schneidende Kälte, die unangenehm in die Kleidung kroch.

Bei Bauer Einhaus herrschte reger Betrieb. Neumann fluchte leise, als er die vielen Leute in dem, zum provisorischen Kassenraum umgebauten, Geräteschuppen sah. Ausgerechnet heute, an seinem letzten Arbeitstag vor den Weihnachtsferien, hatte er nicht pünktlich gehen können. Prüfend sah er auf seine Uhr. Es war kurz vor 16.00 Uhr. Glücklicherweise musste er nicht mehr lange warten und er war an der Reihe.

„Hatten Sie sich schon einen Baum ausgesucht?", fragte der Mann hinter der Kasse freundlich.

Neumann schüttelte verständnislos den Kopf. „Nein, ich wollte ihn mir jetzt aussuchen", antwortete er unsicher.

Der Mann griff unter die Theke und holte eine Säge hervor.

„Sie können sich jeden Baum aussuchen, nur nicht die mit den Reservierungszetteln an den Stämmen. Über den Preis reden wir, wenn ich Ihren Baum gesehen habe."

Neumann nickte, nahm die Säge und zog los. Die Schonung zog sich, leicht ansteigend, den Berg hinauf. Weihnachtsbäume, soweit das Auge reichte.

„Da werde ich nicht weit gehen müssen", dachte Neumann zufrieden und Anbetracht dessen, dass der Nieselregen nun doch in dickere Tropfen überging, war dies von Vorteil. Tatsächlich fand er schon, noch im flachen, unteren Bereich der Plantage, eine Blautanne wie aus dem Bilderbuch. Die gleichmäßig gewachsenen Zweige mit dem bläulich schimmernden Grün, hatten genau die Ausmaße, wie sie sein sollten. Neumann sah schon den staunend anerkennenden Blick seiner Frau, als er die Säge ansetzte. Im letzten Moment bemerkte er den Zettel, dicht unter der Spitze befestigt.

„Verdammt, der ist reserviert", ärgerte er sich nun laut.

Widerwillig ließ er von dem Baum ab. Der Ärger hielt aber nur kurze Zeit an. Er würde einen Baum finden, der den hier noch weit in den Schatten stellte, dessen war er sich gewiss. So kam es, dass er von nun an sehr wählerisch vorging. Er ließ Bäume links liegen, die er vorher noch mit Kusshand genommen hätte. Akribisch suchte er Baumreihe für Baumreihe ab, lief die gesamte Plantage in dem unteren Bereich ab.

Doch es war wie verhext. Gefiel ihm ein Baum, so war er reserviert. Waren die Bäume nicht reserviert, wiesen sie Mängel auf, die er nicht akzeptierte. Seine Frau wäre stolz auf ihn gewesen. Dann, nach langem ergebnislosen Suchen, beschloss er, die ausgetretenen Pfade zu verlassen und den Berg hinauf zu steigen. „Dort gibt es sicherlich keine Reservierungen", dachte er hoffnungsvoll.

Mittlerweile regnete es so heftig, dass ihm das Wasser in den Kragen lief und außerdem brach vehement die Dämmerung herein. Verzweifelt schaute er sich um. Die Bäume sahen auf einmal so gleich aus. Mühsam arbeitete er sich durch die, nun dichter stehenden, nassen Bäume. Der Boden wurde glitschig, was zur Folge hatte, dass er plötzlich der Länge nach hinschlug und die Säge im hohen Bogen davonflog. Während er versuchte, sie wieder zu finden, fielen ihm einige unchristliche Schimpfwörter ein und hätten Weihnachtsbäume Ohren, so würden sie jetzt vor Scham ihre Nadeln verlieren. Als er die Säge endlich gefunden hatte, war es mittlerweile dunkel geworden. Mit wilder Entschlossenheit nahm er sich kurzerhand einen der umstehenden Bäume vor und sägte ihn mit viel Mühe ab, denn die Säge war stumpf und der Stamm zäh. Völlig verschmutzt, die Schuhe verschlammt, mit wirren, nassen Haaren und fast irrem Blick, erschien Neumann mit seiner Beute vor dem

Geräteschuppen. Inzwischen war niemand mehr da und der Bauer hatte die Außenbeleuchtung eingeschaltet. Als er Neumann sah, kostete es ihn große Mühe, ernst zu bleiben, aber etwas in den Augen des Mannes warnte ihn davor, zu lachen.

„Ich hatte Sie schon ganz vergessen. Lassen Sie einmal sehen, wie viel ich Ihnen für den Baum abnehmen kann."

Kritisch betrachtete er den Baum. Nach einiger Zeit, denn die brauchte er, um seinen Lachreiz zu bekämpfen, gluckste er: „Kommen Sie, ich mache ihnen ein Netz darum!"

„Was soll der Baum denn nun kosten?", fragte Neumann lauernd.

„Den gebe ich Ihnen umsonst, weil Sie heute der letzte Kunde sind", kicherte der Bauer, mühsam nach Beherrschung ringend. Er schob den Baum durch den Netztrichter und schleppte ihn sogar persönlich zu Neumanns Auto. „Frohe Weihnachten, der Herr", verabschiedete sich der Bauer und hatte es plötzlich eilig, wieder in seinen Geräteschuppen zu kommen. Diese kostengünstige Wendung hatte Neumann, trotz seines jämmerlichen Zustandes, wieder etwas versöhnlicher gestimmt. Als er zu Hause zur Tür hereintrat, stieß seine Frau einen spitzen Schrei aus.

„Wie siehst du denn aus?"

Die Antwort konnte er im Garderobenspiegel sehen.

„Der Baum ist ganz frisch und nadelt nicht ein bisschen", wusste Neumann keine andere Antwort. Seine Frau merkte, dass es jetzt nicht der richtige Zeitpunkt war, ihren Mann auszuschimpfen.

„Kann ich den Baum einmal sehen?", fragte sie nun neugierig. Müde zeigte Neumann zur Terrasse.

„Er steht draußen. Ich kann ihn ja schon mal in den Ständer stellen."

Er entfernte mithilfe einer Schere das Nylonnetz und
befreite den Baum aus seiner engen Hülle.
Frau Neumann hielt den Atem an.
„Was ist das denn?", fragte sie entsetzt.
Das war der erbärmlichste Weihnachtsbaum, den sie je
gesehen hatte. Im unteren Bereich besaß er rundherum
zwei dicht übereinander gewachsene Reihen Zweige.
Dafür waren ihm im mittleren Teil so gut wie keine
gewachsen. Dadurch konnte man aber sehr schön den
schwungvollen Knick des Stammes sehen, von dem
aus der Stamm bis zur Spitze noch mehrmals die
Richtung änderte.
Der Clou war aber, dass dort, wo Neumann die Säge
angesetzt hatte, der Baum einem Hockeyschläger glich.
Frau Neumann schlug die Hände über dem Kopf
zusammen.
„Sag bloß, du hast dafür auch noch etwas bezahlt?",
rang sie mühsam nach Fassung.
Neumann schlug seine lehmverschmierten Hände vor
das Gesicht und sah den feixenden Händler vor sich.
„Er hat mir nur „Frohe Weihnachten" gewünscht",
murmelte er in seine Hände.
Frau Neumann bekam nun doch Mitleid und nahm ihren
Mann in den Arm. „Wir werden frohe Weihnachten
haben, mein Schatz. Wieso weiß ich immer, wie deine
Unternehmungen ausgehen? Ich habe die
Nordmanntanne zurücklegen lassen. Wir können sie
morgen früh abholen. Er hat sie mir auch billiger
gelassen."

# Weihnachten ohne Lobo

Wieder einmal hat sich für Neumann ein eigentliches Desaster doch noch zum Guten gewendet. Es ist ja schließlich Weihnachtszeit. Aber die Geschichte dieses Weihnachtsbaumes ist noch nicht zu Ende.
Man sagt ja, dass Haustiere, in diesem Fall Neumanns Hund Lobo, die Eigenarten oder den Charakter ihres Herrchens annehmen. Manchmal sind es gute Eigenschaften, manchmal aber auch, wie in diesem Fall, die eher ungünstigen. Lobo hat sich von Neumann so viel abgeguckt, dass man sich nicht wundern muss, dass auch seine Erlebnisse oft chaotisch sind. Tauchen wir zur Abwechslung einmal in seine Hundewelt ein.

„Was ist denn jetzt los? Was macht der da? Warum gibt er diesem fremden Mann die Leine? Oh verdammt, der hat seine Drohung doch nicht etwa ernst gemeint? Jetzt steigt der doch tatsächlich wieder in unser Auto! Hey, mach die Heckklappe auf! Ich will wieder mit. Du kannst mich doch nicht hier zurücklassen! Außerdem riecht dieser Kerl nicht gut. Ich will nicht hierbleiben!“

„Das scheint ihm nicht zu gefallen, Herr Neumann! Haben Sie sich das auch genau überlegt? Schauen Sie sich ihn doch an! So ein schöner Hund.“
Neumann ließ die Seitenscheibe herunter und mit einem schrägen Blick auf seinen schönen Hund seufzte er:
„Machen Sie es mir doch nicht noch schwerer als es ist.

Nach allem, was der bei uns angestellt hat, will meine
Frau ihn nicht mehr sehen und ich habe keine Lust
darauf, das Weihnachtsfest im Streit mit ihr zu
verbringen, oder mich gar scheiden zu lassen."
Der Leiter des Tierheims nickte verstehend.
„Es ist ungewöhnlich, dass Tiere vor Weihnachten hier
abgegeben werden! Meistens geschieht dies danach,
wenn die Besitzer merken, dass ein Tier nicht nur ein
schönes Weihnachtsgeschenk ist, sondern auch viel
Pflege braucht und vor allem eine Menge Zeit  investiert
werden muss."
Neumann schüttelte den Kopf.
„Nein, nein, bei uns liegt der Fall anders!", versuchte er
sich zu entschuldigen.
„Ich weiß es ja, er hat Ihre Wohnung verwüstet! Sie
haben es schon am Telefon berichtet. Vielleicht
überlegen Sie es sich ja doch noch einmal. Darum
bleibt er jetzt erst einmal eine Zeit lang bei uns. Wir
werden ihn vorerst nicht wieder weiter vermitteln.
Komm Lobo, deine neuen Freunde freuen sich schon
auf dich, hörst du es?"
Damit spielte Herr Spickenhagen, der Leiter des
Tierheims, auf das wütende Gekläff aus den Zwingern
an. Lobo rührte sich nicht von der Stelle. Alle vier
Pfoten standen auf Bremse und das straff gezogene
Halsband schnürte ihm die Luft ab. Ein flehender Blick
zu seinem Herrchen Neumann nutzte nichts, denn der
hatte die Seitenscheibe wieder zugleiten lassen und
sich nicht mehr umgesehen, während er Gas gab.
„Nein ich will nicht, ich will nicht, ich will nicht!!"
Sein klagendes Bellen verfolgte den Wagen, bis er nicht
mehr zu sehen war.
„Nun los, komm schon! Ich weiß, du bist einer von den
Aufmüpfigen, aber dich werden wir auch noch
kleinkriegen", fuhr Spickenhagen ihn an. Dann zog er

den immer noch widerstrebenden Hund durch das
Eingangstor zu den Zwingern und führte ihn an einer
Reihe von Käfigen vorbei. Das Kläffen schwoll zu
orkanartiger Lautstärke an. Lobo spitzte die Ohren und
was er da vernahm, hörte sich nicht gut an.
„Ein Neuer, ein Neuer! Ho, schaut mal wie gestriegelt
der ist! Wau, den werden wir hier schon strubbelig
machen.“
Eine tiefe, raue Stimme rief: „Komm zu mir in den Käfig,
komm zu mir, ich möchte mal wieder richtig Spaß
haben!“
Lobo suchte nach dem Rufer, in dem er schnüffelnd die
Nase hob. Der beißende, abscheuliche Geruch ließ
sein Nackenfell zu Berge stehen. Er kam direkt aus der
Box vor ihm.
„Oh nein!“, dachte er. „Eine Dogge! Nicht zu dem, nicht
zu dem!“ Demonstrativ wechselte er die Seite, sodass
Spickenhagen die Leine in die andere Hand nehmen
musste. Als Lobo merkte, dass er nicht zu dieser
großen, sabbernden Dogge musste, wurde er wieder
mutiger. In sicherer Entfernung blieb er stehen, drehte
seinen Kopf und kläffte:
„Hässliche Töle, hässliche Töle!“
Spickenhagen zerrte an der Leine und zog Lobo mit
sich fort.
„Leg dich nicht mit dem an! Ich weiß ja nicht, was du
ihm gesagt hast, aber gefallen hat ihm das wohl nicht.
Komm, hier geht's rein!“
Lobo schaltete wieder die Allradbremse ein.
„Was, in diesen zugigen Käfig soll ich? Da ist ja noch
nicht einmal ein Körbchen drin! Da will ich nicht rein!
Nein, Nein!“
Spickenhagen verlor nun die Geduld. Mit einer
schnellen Bewegung löste er die Leine vom Halsband
und mit dem Fuß schob er Lobo gewaltsam in den

Zwinger. Dann fiel hinter ihm die eiserne Tür mit lautem Scheppern ins Schloss. Wütend rannte Lobo dagegen an. Knurrend und zähnefletschend biss er sich an dem Gittergeflecht fest.

„Ich will hier raus, ich will hier raus! Oh, warte, wenn ich dich erwische, werde ich dir die Hose zerfleddern. Außerdem riechst du nach Katze! Ekelhaft, ekelhaft. Komm ja nicht in meine Nähe!“

Jedoch alles Schimpfen half nichts. Spickenhagen ignorierte das zornige Bellen und beugte sich vor der Gittertür zu Lobo herunter.

„Du wirst mir noch aus der Hand fressen, Freundchen“, drohte er und seine Augen versprachen dabei nichts Gutes. Lobo sprang wieder wütend gegen das Gitter.

„Das bringt nichts!“, hörte Lobo nun die Stimme eines, wohl schon älteren, Hundes im Käfig neben sich.

„Du bist hier im Knast. Außerdem stinkt der nur nach Katze, weil hier auch Katzen abgegeben werden. Sonst ist der ganz OK. Wie heißt du eigentlich?“

Lobo drehte sich nach der Stimme um.  Im Käfig direkt neben ihm lag ein alter Cockerspaniel. Die graue Schnauze auf seine Pfoten gelegt, blickte er interessiert zu ihm herüber.

„Mein Herrchen nennt mich Lobo und wer bist du denn?“ knurrte Lobo und schob sich schnuppernd näher an die Käfigwand heran. Seine Nase registrierte zwar den scharfen Geruch von Flohpulver, aber dazwischen durchaus sympathische Düfte. Sein Nackenfell glättete sich langsam wieder.

„Komischer Name, mein Herrchen hat mich Red genannt. Ich weiß nicht warum, aber es sollte wohl eine Anspielung auf mein rotes Fell sein. Wie du siehst, hat sich das jetzt erledigt, sieht mehr graurot aus.“

Lobo kam noch ein wenig näher an die Trennwand des Käfigs heran und schnüffelte.

„Bah, du stinkst! Was ist das für ein Zeug?"
„Mach dir keine Sorgen! Damit wirst du auch noch
Bekanntschaft machen! Das ist, damit die kleinen
juckenden Biester dich nicht auffressen", antwortete
Red recht unaufgeregt. Dabei ließ er seine Schnauze
auf den Pfoten liegen und verfolgte nur mit seinen
Augen, wie Lobo nun nervös hin und her lief.
„Oh nein, ich hatte mal so ein stinkendes Halsband!
Unerträglich, unerträglich! Ich will raus hier, raus! Was
ist das hier überhaupt?"
„Alles, was du dir nur denken kannst! Ein Heim für
streunende Tiere, Gefängnis, Straflager, Tierhandlung
und Altersheim, also Endstation. Hinzu kommt noch,
dass es die Hölle sein kann."
„Hölle?" Lobo blieb stehen und spitzte die Ohren, das
heißt, er richtete die Ansätze seiner Ohren auf. Zu
seinem Leidwesen hingen die Spitzen, trotz höchster
Aufmerksamkeit, immer nach unten. Bei Mischlingen
aus Münsterländer und deutschem Drahthaar ist das
so.
„Ja, Hölle bedeutet, wenn Doggi und seine Freunde
dich beim Freigang in die Mangel nehmen.
Glücklicherweise bin ich in meinem Alter nicht mehr
interessant für sie", erklärte Red weiter.
Lobo schien der Schreck in die Glieder gefahren zu
sein, denn für einen Moment blieb er stumm stehen. Er
war eigentlich kein ängstlicher Typ und konnte es
aufgrund seiner Kraft und Schnelligkeit mit den meisten
Hunden aufnehmen, aber diese sabbernde Dogge
bedeutete schon ein besonderes Kaliber.
„Du meinst, wir können draußen frei auf dem Hof herum
laufen?", keimte ein Fünkchen Hoffnung in Lobo auf.
„Mach dir keine Hoffnungen, die Zäune sind zu hoch!"
Lobo bewegte nun aufgeregt seinen Schwanz, denn
Zäune waren bisher noch nie wirklich ein Hindernis für

ihn gewesen, aber das brauchte er diesem alten,
kurzbeinigen Cocker nicht auf die Nase zu binden.
Darum wechselte er das Thema und fragte:
„Warum bist du hier?"
Red stieß einen tiefen Seufzer aus.
„Mein Herrchen ist von dieser Welt gegangen und
niemand wollte mich noch haben. Da hat man mich
hierhergebracht. Für mich ist es die Endstation, denn
bald werde auch ich den Fressnapf abgeben. Glaube
mir, alt werden ist wie Doggenscheiße."
Lobo vergaß für einen Moment seine eigene schwierige
Lage und empfand so etwas wie Mitleid mit dem alten
Cocker.
„Ich werde hier nicht bleiben und warten bis ich alt bin.
Ich werde bald schon zurück zu meiner Familie gehen."
„Ha, das sagen alle Neuen hier, aber das legt sich.
Warum hat man dich denn überhaupt hierher
gebracht?"
„Na ja, so genau weiß ich das auch nicht, aber es muss
wohl mit dem Baum im Wohnzimmer
zusammenhängen, den Herrchen frisch aus dem Wald
geholt und in so einen komischen Ständer mitten ins
Wohnzimmer gestellt hatte. Hm, der roch so gut! Ein
superscharfes Weibchen hatte daran ihre Duftmarke
hinterlassen."
„Oh Mann, sag nicht, du hast ihn angepinkelt!",
unterbrach nun Red den Redeschwall seines
Zwingernachbarn.
„Natürlich habe ich das! Was glaubst du, wie viel
Spritzer ich benötigt habe, um den Duft zu überdecken."
Red nahm nun seine Schnauze von den Pfoten und
stand ächzend auf.
„Ich glaube, du bist ein selten dämlicher Hund! Für die
Menschen ist dieser Baum etwas ganz Besonderes!
Hast du noch nicht mitbekommen, dass sie sich einen

von der Sorte jedes Jahr um die gleiche Zeit ins Haus holen, ihn mit bunten Kugeln schmücken und sich dann Geschenke darunterlegen? Dabei fällt auch für unsereins ein Leckerchen außer der Reihe ab. Sie nennen es Weihnachten. Dein Herrchen wird nicht sehr erfreut darüber gewesen sein, dass du die Botschaft dieser scharfen Hündin überschrieben hast."

Lobo überhörte die Beleidigung, denn er war nachdenklich geworden.

„Sagtest du bunte Kugeln? Die habe ich alle zerdeppert! Sie standen auf dem Wohnzimmertisch und meine Fresschengeber wollten sie wohl gerade an den Baum hängen. Als Frauchen mich dann angeschrien hat und mir mit der Zeitung einen überbraten wollte, da bin ich unter den Tisch. Dabei muss sich wohl die Tischdecke in meiner Schnauze verfangen haben. Mann, das hat gescheppert! Vor Schreck darüber bin ich unter den Esszimmertisch."

So als würde ihm erst jetzt bewusst, was er angerichtet hatte, ließ er sich zerknirscht auf den harten Boden des Käfigs fallen.

„War das alles?", erkundigte sich Red spöttisch.

„Da standen noch Teller und Tassen auf dem Esszimmertisch! Die Tischdecke hat sich dann auch irgendwie verfangen. Es hat ganz schön laut geklirrt. Aber noch lauter hat Frauchen geschrien! Ich glaube lauter böse Sachen. Vor allem hat sie mit Herrchen geschimpft. Den Rest kennst du."

„Und da willst du dich wieder hin trauen?",  fragte der alte Cocker nun skeptisch.

Lobo sprang nun wieder erregt auf seine vier Pfoten.

„Ich muss unbedingt wieder zu ihnen! Auf jeden Fall! Weihnachten ohne mich? Das geht doch gar nicht. Herrchen wird wegen mir traurig sein. Ich muss zurück, ich muss zurück!"

„Psst, nicht so laut!", versuchte Red seinen neuen Freund zu bremsen.

„Du wirst nichts zu fressen bekommen, wenn du so laut bellst."

Wie auf Stichwort erschien Herr Spickenhagen mit dem Futter. An den Käfigtüren befand sich eine Klappe, durch die er die gefüllten Fressnäpfe schob. Red bekam kein knusperiges Trockenfutter, sondern einen Napf randvoll mit einer breiigen Pampe.

„Wurde auch Zeit", knurrte er. „Fressen ist das einzige Vergnügen, was einem noch im Alter bleibt. Auch wenn die Qualität zu wünschen übrig lässt und der Speiseplan etwas eintönig ist."

Lobo stieg ein undefinierbarer Geruch in die Nase, der durch den abscheulichen Katzengestank, den Spickenhagen verbreitete, noch widerlicher wurde. Er zog die Nase kraus und bleckte die Zähne.

„Was um alles in der Welt ist das? Kann man das fressen?"

Red hatte schon die Schnauze in dem Brei und schmatzte undeutlich:

„Hm, nur schlabbern, schlürfen und lecken! Kauen geht nicht mehr!"

Lobo verspürte nun auch nagenden Hunger. Er versuchte den Katzengestank von Spickenhagen zu ignorieren und presste seine Schnauze gegen die Gittertür. Der schlug aber nur mit dem leeren Napf dagegen und verkündete:

„Du bekommst erst was zu fressen, wenn du dich benehmen kannst!"

Dann zog er weiter zu den nächsten Käfigen. Lobo kläffte wütend hinter ihm her:

„Gibt's nicht wenigsten was zu saufen?",  bis er ihn nicht mehr zu sehen konnte.

„Zu saufen gibt es hier abends nie was, damit du nachts

nicht pinkeln musst", erklärte Red ohne die Schnauze
aus dem Brei zu nehmen.
„Das wird hier ja immer besser", knurrte Lobo
verzweifelt vor sich hin.
„Dann ließ er sich auf den Boden nieder und jaulte
bitterlich in die Nacht hinein:
„Ich will nach Hause, nach Hause!"

Neumann saß apathisch in seinem Sessel und starrte
abwesend in den Fernseher. Das Programm nahm er
nicht wahr.
„Wollten wir nicht heute schon den Baum schmücken?
Ich habe auch neue Kugeln gekauft", versuchte seine
Frau ihn aus dieser Lethargie zu reißen.
„Was? Ach ja!", antwortete er mit einiger Verzögerung,
bewegte sich aber nicht vom Fleck.
„Willst du mit mir reden, oder weiter in den Fernseher
starren?", blieb sie hartnäckig.
„Ich denke, wir haben bei Lobo ein wenig überreagiert.
Ich gebe es ja nur ungerne zu, aber er fehlt mir auch!"
Neumann erwachte aus seiner Starre. Überrascht
schaute er seine Frau an und es sprudelte nur so aus
ihm heraus:
„Ich kann an nichts anderes mehr denken! Ich hätte das
nie tun dürfen! Er gehört doch zu uns! Weißt du noch,
wie wir ihn als Welpen bekommen haben? Er war so
süß und so lieb. Was bedeuten denn schon die blöden
Weihnachtskugeln und außerdem war das Service
schon uralt. Lobo hat dabei nur Pech gehabt. Wie
konnten wir nur so hartherzig sein!"
Frau Neumann fühlte sich nun ein wenig schuldig an
der Situation und versuchte sich zu verteidigen:
„Es waren nicht nur seine letzten Glanztaten hier, das
weißt du genau. Er hat so viel auf dem Kerbholz, dass
man ein Buch darüber schreiben könnte. Ich denke

dabei nur an die Katze vom Nachbarn, oder die Enten im Stadtgarten, den Papagei von deinem Chef und vor allem das junge Huhn von den Kindern unten in der Straße. Das Maß war nun einfach voll!"

„Das haben wir doch alles mit ein paar Euro wieder geradebiegen können und mein Chef hat das längst vergessen. So schlimm war das doch nicht", beschwichtigte Neumann.

„Er fehlt mir! Ohne ihn kann ich kein Weihnachten feiern. Morgen ist Heiligabend und er sitzt alleine im Tierheim. Gleich nach dem Frühstück hole ich ihn zurück."

Frau Neumann war aufgestanden und trat nun zu ihrem Mann. Dann legte sie beide Arme um seine Schultern und küsste ihn zärtlich auf die Wange.

„Bring diese Katastrophe von einem Hund wieder nach Hause. Ich hätte nie geglaubt, dass er mir auch so fehlen würde."

Neumann sprang erleichtert auf.

„Dann lass uns heute schon den Baum schmücken, damit Lobo morgen auch weiß, dass dies kein gewöhnlicher Baum ist an den man pinkeln kann!"

Dann lachten sie beide befreit auf und machten sich daran, einen gewöhnlichen Baum in einen Weihnachtsbaum zu verwandeln.

Die Nacht war grausam gewesen. Trotz seines Winterfells hatte Lobo gefroren, wie eine nasse Katze. Schon dieser Vergleich ließ ihm einen Kamm vom Nacken bis zum Schwanzansatz wachsen. Sein Käfignachbar, der alte Cocker, hatte so laut geschnarcht und gestöhnt, dass man annehmen konnte, er würde jeden Augenblick schon jetzt den Fressnapf abgeben. Obwohl Lobo abends nichts zu essen und zu trinken bekommen hatte, musste er jetzt höllisch Gassi. Das tat er nun auch laut kund. Dies wiederum weckte die ganze Meute in den Käfigen auf und wüste Beschimpfungen prasselten auf ihn nieder. Am deutlichsten hörte er Doggi mit seiner tiefen, heiseren Stimme heraus:

„Warte nur, du Pinscher, gleich werden wir zusammen Gassi gehen! Darauf kannst du dich schon freuen!" Auch Red hatte sich mittlerweile aufgerappelt  und blickte Lobo mit seinen triefenden Augen mitleidsvoll an.

„Oh, oh!", blaffte er nur. Kurze Zeit später hörten sie, wie Spickenhagen die Käfigtüren öffnete.

Dann dauerte es auch nicht lange, bis er sie zu dem hoch eingezäunten Freigelände führte. Als er sie beide als letzte hinein ließ, herrschte eine merkwürdige Ruhe. Kein Bellen oder Knurren, nur unheilvolle, gespannte Stille.

„Sie warten nur darauf, dass Spickenhagen verschwindet", knurrte Red noch. Dann löste sich die Spannung in einen unbeschreiblichen Tumult. Doggi und seine Komplizen kamen mit infernalischem Geheule auf Lobo zu gerannt, allen voran aber die sabbernde, riesige Dogge.

„Lauf Junge, lauf!", heulte der der alte Cocker auf. Lobo begriff sofort, dass erst einmal Flucht angesagt war. Aus dem Stand spielte er seine angeborene Schnelligkeit aus, raste den Angreifern entgegen und wich ihnen im letzten Moment mit einem Haken aus, sodass sie ins Leere liefen. Diesen Trick hatte er von den Kaninchen gelernt, die ihm ärgerlicherweise auf diese Art immer entwischten. Es verschaffte Lobo nun eine kleine Atempause, denn es dauerte eine Weile bis sich seine Gegner wieder neu orientiert hatten.

„Bravo Kleiner, zeig es ihnen!", kläffte Red laut voller Begeisterung hinter Lobo her.

Der nutzte nun die Zeit, um seine Umgebung zu betrachten. Dabei fiel sein Blick auf den grobmaschigen Zaun an der Stirnseite des Geheges. Der hatte zwar eine respektable Höhe, aber dort nur eines von diesen stacheligen Dingern darüber, an denen man sich böse das Fell aufreißen konnte. Sein Entschluss stand fest! Jetzt oder nie, lieber fast Unmögliches wagen, als sicher zu Hundefutter vermacht zu werden. Lobo taxierte noch einmal die Höhe. Der Anlauf musste reichen! Dann startete er durch.

Doggi erkannte als Erster, was Lobo vorhatte. In einem weiten Bogen nahm er die Verfolgung auf.

Mit hechelnd heraus hängender Zunge dachte er:

„Mit einem Satz schafft er das nicht! Der muss sich im Zaun festkrallen und noch einmal Schwung holen! Da pflück ich ihn vorher herunter!"

Der alte Cocker hielt den Atem an.

„Au verdammt, das wird eng!"

Ohne sich weiter zu besinnen lief er, so schnell ihn noch seine alten Beine trugen, dorthin, wo Lobo den Zaun überwinden wollte. Der kam nun, die zähnefletschende Dogge an seinen Fersen, angeflogen und setzte zum Sprung an. Der Satz landete in der oberen Hälfte des Zaunes. Dort krallte er seine Pfoten darin fest, um neuen Schwung zu holen. Das war Doggis großer Moment. Er wollte gerade zum Sprung ansetzen, als ihm der alte Cocker in die Quere kam. Nun spielte sich alles gleichzeitig ab. Es gab einen Bumms und Red stieß einen klagenden Laut aus. Die Dogge überschlug sich aufgrund der Geschwindigkeit mehrmals und blieb im Zaun hängen. Lobo überquerte mit dem letzten Schwung auch den Stacheldraht, blieb aber mit der Innenseite seines rechten Hinterlaufs daran hängen und zog sich beim Herunterfallen eine klaffende Wunde zu. Es schmerzte gewaltig, aber das

Glücksgefühl war riesengroß. Als er wieder auf seinen
vier Pfoten stand, bemerkte er erst, was überhaupt
geschehen war. Der alte Cocker lag dort der Länge
nach leblos ausgestreckt im Gras und die Dogge
versuchte sich benommen aus den Maschen des
Zaunes zu befreien.
Entsetzt rief Lobo mit lautem Gekläffe nach dem
Cocker, doch es kam keine Antwort.
„Du blöder alter Hund! Warum hast du dich nicht daraus
gehalten. Ich hätte es auch ohne dich geschafft!", jaulte
er seinen Schmerz hinaus. Da hob Red noch einmal
den Kopf und hechelte leise aber bestimmt:
„Hättest du nicht! Es hat einen Riesenspaß gemacht.
Ich habe nicht geglaubt, dass ich so etwas noch kann.
Lauf Junge, lauf zu deiner Familie! Ich bin jetzt auch
bald frei!"
Dann fiel sein Kopf zur Seite und seine geschundene
Hundeseele stieg auf in den Hundehimmel.

Lobo heulte voller Trauer den Himmel an und wollte
noch bleiben, doch aus den Augenwinkeln sah er
Spickenhagen heraneilen. Dann fiel sein Blick auf die
Dogge, die immer noch mit den Maschen des Zaunes
kämpfte. „So viel Zeit muss sein", dachte er. Genüsslich
hob er ein Bein und ein dicker Strahl schoss durch den
Zaun und  traf die Dogge mitten auf die Nase.
„Damit du mich nie vergisst! Hoffentlich erstickst du an
meinem Duft!" Sein Bellen klang dabei hell und befreit.
Dann jagte er in wildem Tempo davon.
Spickenhagen sah nur noch die fliegenden Hinterläufe
von Lobo und fluchte laut hinter ihm her:
„Verdammter Köter!"

Neumann klingelte Sturm an der Pforte des Tierheims.
Er konnte es nicht erwarten, seinen Hund wieder in die

Arme schließen zu können. Ein extra Leckerchen als Wiedergutmachung hatte er auch in der Tasche.
Als Spickenhagen ihn erkannte, stockte sein Gang und nur zögerlich öffnete er das Tor.
Neumann blickte den Leiter des Tierheims mit entschuldigender Geste an.
„Sie hatten gestern recht! Wir haben es uns noch einmal überlegt! Weihnachten ohne Lobo ist kein Weihnachten! Ich möchte ihn darum jetzt wieder mitnehmen. Bitte entschuldigen Sie die Mühe, die wir ihnen gemacht haben.“
Spickenhagen verzog säuerlich sein Gesicht.
„Mühe ist gut! Der Hund hat das ganze Tierheim rebellisch gemacht. Sie kommen leider zu spät! Gerade heute Morgen hat er sich aus dem Staub gemacht, hier über diesen Zaun!“
Bestürzt taxierte Neumann die Höhe dieses Zaunes.
„Wie konnten Sie ihn auch hier frei herumlaufen lassen? Was soll ich denn nun tun? Wo soll ich ihn suchen? Bis zu uns nach Hause ist es viel zu weit, den Weg findet er nicht!“
Spickenhagen zuckte mit den Schultern.
„Ich hatte es bisher auch für unmöglich gehalten, dass ein Hund über diesen Zaun springen kann. Vielleicht schafft er es ja doch bis zu Ihnen. Es ist aber auch möglich, dass er mit seiner Wunde nicht weit kommt. Ich habe nämlich Haut und Fellreste am Stacheldraht gefunden. Er muss sich ganz schön  verletzt haben!“
„Oh nein!“, stöhnte Neumann entsetzt auf. „Das ist ja schrecklich. Ich muss ihn finden! Sie hören noch von mir!“
Dann hatte er es ganz eilig.

Es war schon später Nachmittag, als sich Neumann entmutigt auf der nassen Parkbank im Stadtgarten niederließ. Er hatte fast überall in der Stadt vergeblich nach Lobo gesucht. Niemand hatte ihn gesehen oder auf ihn geachtet. Ja, sicher waren ein paar Stunden vor der Bescherung, alle zu sehr mit sich selbst beschäftigt. Mehrmals hatte Neumann auch mit dem Handy zu Hause bei seiner Frau nachgefragt, ob Lobo nicht doch den Weg zurückgefunden hätte, doch immer vergebens.

Traurig blickte er auf den Ententeich, in dem Lobo einmal die Enten in helle Panik versetzt hatte und erhob sich wieder von der kalten Bank.

„Das hier war meine letzte Hoffnung!", dachte er resignierend und schaute dabei in den klaren Sternenhimmel.

„Wenn zu Weihnachten Wünsche wahr werden könnten, dann hätte ich jetzt nur einen!"

Von den Kirchtürmen in der Stadt riefen die Glocken schon zum Heilig-Abend-Gottesdienst. Es war Zeit, nach Hause zu gehen, denn seine Frau wartete sicher auf ihn. Gerade wollte er sich in Bewegung setzen, da sah er undeutlich, aus der Dunkelheit des Weges vor ihm einen Hund auf sich zu humpeln.

Lobo steckte witternd die Nase in die Luft. Diesen Duft kannte er doch? Selbst für ihn kaum wahrzunehmen, aber doch unverkennbar.

„Herrchen, Herrchen? Unglaublich!"

Er versuchte zu laufen, doch es ging nicht mehr. Zu lange war er durch die Gegend geirrt, viel zu oft hatte er seine blutende Wunde lecken müssen, die ihm die Kraft aus den Beinen sog. Nur der unbändige Wille, nach Hause zu kommen, hatte ihn auf seinen Pfoten gehalten. Dann, als schon alle Hoffnung verloren schien, hatte er hier seinen Lieblingsteich entdeckt. Von hier aus kannte er den Weg nach Hause. Nun konnte er

Herrchen nicht nur riechen, sondern auch sehen.
„Hier bin ich, hier bin ich!"
Es sollte ein freudiges Bellen werden, wurde aber nur
ein klägliches Jaulen.
Dann fühlte er, wie Herrchen sich zu ihm nieder ließ,
die Arme um seinen Hals legte und ihn fest an sich
drückte. Was für ein Gefühl!
„Hm, was riecht das gut! Hast du zufällig ein
Leckerchen in der Tasche? Ich sterbe fast vor Hunger!"

Neumann brauchte nur ein paar Schritte, um seinen
Hund in die Arme zu nehmen.
„Endlich habe ich dich wieder, du Katastrophenhund!
Ich wusste doch, dass du hier die Enten aufmischen
wolltest, aber daraus wird nichts. Du kommst jetzt mit
nach Hause Weihnachten feiern! Möchtest du ein
Leckerchen?"
„Hä? Das soll wohl ein Witz sein! Her mit den
Kaustreifen, hechel, hechel!"

# Epilog

Die Geschichten von und um meinen Freund Neumann
sind nun hier zu Ende, denn ich denke, dass er für
dieses Mal genug angerichtet hat.
Das soll nicht bedeuten, dass er sich zur Ruhe gesetzt
hätte. Nein, Neumann wird Geschichten schreiben,
solange er lebt und ich hoffe, dass er noch lange lebt.

Zuletzt möchte ich ausdrücklich erklären, dass ich nicht
die Gefühle derer verletzen wollte, die wirkliches Pech
im Leben haben oder hatten, denn ich wollte einfach
nur ein wenig Freude verbreiten. Wenn es mir aber
gelungen ist, an der einen oder anderen Stelle
Nachdenklichkeit zu erzeugen, dann will ich nicht
verhehlen, dass dies gewollt war. Ich hoffe, ich habe
Sie mit dieser Lektüre nicht gelangweilt.
Es gilt nach wie vor, in jedem von uns steckt ein
bisschen von Neumann.


**E N D E**

Weitere Werke dieses Autors, erschienen als E-Book bei KDP sowie als Taschenbuch und Hardcover:

**Die Trilogie –** ***Der Vandale*** **/** Der weite Weg / Der Eroberer / Der Herrscher

Teil I

Teil II

Teil III

**Der Vandale Teil I u. II u. III**

Diese Trilogie ist ein episches Meisterwerk über den Vandalenkönig Geiserich, der mit seinem Volk aus ärgster Bedrängnis aufstand und das Römische Reich in die Knie zwang.
Dieser historische Abenteuerroman zeichnet in spannenden Bildern das Leben dieser großen Persönlichkeit nach.

# Dardanus – Ein Kampf um Byzanz

Wir schreiben das 532 n. Chr. Justinian ist es nach seiner,
nun schon 5-jährigen Amtszeit nicht gelungen, die Liebe und
die Achtung seines Volkes zu erringen. In Byzanz brodelt es.
Zudem brechen die Perser unter König Kabades den
Frieden an den Grenzen zu Armenien. Hypatius, ein Enkel
des früheren großen Kaisers des Ostreiches, Anastasius, will
die Unruhe nutzen und plant einen Umsturz. Er hetzt die
einflussreichen Circus Parteien des Hippodroms gegen
Justinian auf. In dieser verworrenen Lage geht der Stern von
Dardanus auf. Durch außergewöhnliche Leistungen führt
sein Weg bei den Kämpfen in Persien vom einfachen Diener
bis an die Spitze von Belisar`s Elitelegion. Justinian beruft
aber schon bald Belisar von den Kampfplätzen in Persien ab
und holt ihn und seine Legion, zu seinem Schutz, nach
Byzanz zurück. Trotzdem steuert alles auf die größte
Tragödie der Antike zu und das Unheil nimmt seinen Lauf.
Die Liebe zu der Tochter des Aufrührers bringt Dardanus in
arge Gewissenskonflikte. Er muss sich zwischen Liebe und
der treuen Pflichterfüllung entscheiden. Trotzdem wird er
eine der Schlüsselfiguren, die den Nika – Aufstand

maßgeblich beeinflussen. Dies ist ein Buch, das den Leser atemlos zurücklässt.

## Artabanes – Feldherr und Rebell

Wir schreiben das Jahr 538 n. Chr. Der Oströmische Kaiser Justinian hat in vielen Kämpfen die alten Grenzen des Römischen Reiches wieder hergestellt. In Afrika sind die Vandalen besiegt und ihr Reich zerstört worden. An den Grenzen Persiens herrscht Frieden, doch er ist trügerisch, und überall in den zürückeroberten Gebieten gärt es.
In dieser Zeit geht der Stern von Artabanes auf. Er entstammt dem alten Königsgeschlecht der Arsakiden. Er kann sich mit der römischen Besatzung in seinem Land nicht abfinden, denn der Statthalter der Römer ist ein grausamer Mann. Er lehnt sich gegen die Herrschaft auf, indem er einen Aufstand anführt. Hier beginnt sein unfassbares Leben, das von Verlust und Niederlagen, aber auch von großen Erfolgen gekennzeichnet ist.

Er wird zur Schlüsselfigur der Zeit. Liebe, Hass, Verlust und unverbrüchliche Freundschaft sind Begleiter seines abenteuerlichen Lebens.

**Terror - Der Anschlag –**

Ein Albtraum wird wahr und die schlimmsten Befürchtungen werden Wirklichkeit.
Robert Dromel, Leiter des neu geschaffenen Dezernats Antiterror, hat eine Terrorwarnung
bekommen. Er weiß aber nicht, wer das Ziel des Anschlages werden soll, oder wo es geschehen wird. Eine Nerven zerfetzende Jagd beginnt, bei der er nur durch die Liebe und den Mut einer Frau, die nur ihren Mann retten will, auf die richtige Spur kommt. Aber die Katastrophe nimmt trotzdem ihren Lauf. Ein verzweifelter Kampf gegen die Zeit beginnt.

## Die Pyramide der Sonne

Konsul Hansen, ein reicher Sammler archäologischer
Exponate bekommt ein Fundstück aus Visoko in Bosnien
Herzegowina zugespielt, dessen Herkunft und
Beschaffenheit, trotz Einsatz aller bekannten technischen
Mittel, nicht bestimmt werden kann.
Es ähnelt dem Gürtelschloss einer Paradeuniform. Jedoch
befinden sich auf seiner glatten Oberfläche seltsame
Zeichen, die bisher noch nicht bekannt sind und auch keiner
Sprache zugeordnet werden können.
Das Handelshaus Hansen stellt ein Team von
außergewöhnlichen Experten zusammen, das dieses
Geheimnis lüften soll. Die Spur führt nach Mesopotamien zu
den alten Sumerern, deren Herkunft bis heute noch nicht
wissenschaftlich geklärt ist, die aber als die Begründer der
menschlichen Zivilisation gelten. Rückblicke erzählen, woher
die Sumerer kommen und wie ihre Saat 4500 v.Chr.
aufgegangen ist.
Bei den umfangreichen Recherchen der Experten stellt sich
heraus, dass dieses Fundstück nicht von dieser Welt sein
kann. Die spannende Spurensuche führt wieder zurück zum
Fundort Visoko, in dessen Nähe sich die, von dem

Hobbyarchäologen Osmanagic' entdeckte, Pyramide der Sonne befindet.
Dem Held der Handlung, Ronald Kronenberg, Sprachgenie und Experte für die Keilschrift, gelingt es das Rätsel des Fundstückes zu lösen. Nun gilt es auch, das Geheimnis der Pyramide der Sonne zu erforschen. Eine spannende und für alle Beteiligten gefährliche Suche beginnt, an deren Ende sie eine unfassbare Entdeckung machen.
Liebe, Hass, Gier, Habsucht und Gewalt sind auf dem Weg dahin die Wegbegleiter.

www.ingramcontent.com/pod-product-compliance
Lightning Source LLC
Chambersburg PA
CBHW061534120726
48001CB00004B/1531